老莊道無哲學探釋

黃鶴昇——著

推薦序

辛灝年

黃鶴昇先生的《老莊道無哲學探釋》（原書名《通往天人合一之路》），在《黃花崗雜誌》連載之後，終於成書出版了。可是，作者卻為難起我來，因為他要我為本書寫一篇序。

黃先生的這本書，讓我有「三不易」。

其一是讀不易。因為，作為本書的讀者，若要認真地讀，讀下去，並讀完它，就不易。因為這是一本思想發掘得很深、知識面開拓得很廣的哲學專著。它雖然處處透出了一個新字，但他所涉及到的舊知識，特別是歐洲古典哲學、德國近代哲學、中國古代哲學，和要閱讀中國古代哲學所必備的古漢學基礎，是很容易令人望而怯步的。

其二是編不易。《黃花崗雜誌》是在一堆來稿中發現了這部大作。作者來信聲明不要稿費，希望能夠連載。大家雖然覺得這肯定是一部有水平的稿子，讀起來卻頗有「難解」之感，於是就把「難題」交給了我。我耐心和認真地一讀，知道這絕對是一部好稿子。這部稿子，能夠標誌時代的思想知識水平，和正確的哲學研究方向，特別是對我們馬列中國那個至今還在「背祖離宗」的哲學思想界來說。所以，我們決定連載它。雖然作者是我們毫不相識的人，我甚至揣測他是中國的一位老哲學教授，年老退休隨留學子女遷居海外，才斗膽寫下了這本書，我們已然是「不識作者真面貌，已識本書真水平」。後來，在《黃花崗雜誌》連載的這部稿子，不僅得了台灣的中華文化大獎，台灣相關學術團體還在德國的慕尼黑為他舉行了頒獎儀式，大陸境內外的不少專家教授也已經對他發生了濃厚的興趣。我相信，遲早有一天，它會在中國大陸的高校成為許多人公開研究和專心研究的對象。

其三是序不易。我原來就極少接受寫序的請求。除掉我自認資格不夠以外，主要還是認為，人不是萬能的，不可能樣樣都懂，更不可能擁有各個方面的專業知識。因為看不懂的，吃不透的，你就很難評價它，序也就難寫了。所以，我對於黃先生的要求，猶豫躊躇了很久。最後答應下來，其原因，一是我作為最早的讀者，認真地讀完了這部專著；連載時，每一期發表的章節，也都是我自己做它的責任編輯；該書出版前我又從頭至尾極認真地讀了一遍，並做了校閱。二是後來我終於在歐洲見到了他，發現他竟然是一位年剛半百、自學成材的特殊人物，與我的「學問生涯」頗多相似之處。還有他曾是「國安」的傳奇色彩，他對中共政權，特別是中共政法機器的瞭解和厭惡，也令我對他頗有興趣。當然，因我認定他在哲學研究上確有特殊的才華和恢弘的前景，才是最主要的原由。如此，我與他普通的相識方式和我對他的滿懷好感，終使我解決了「序不易」的問題，雖還是勉為其難，但已是有心為之了。

我若是也要學著向秀寫〈思舊賦〉，我的序雖剛剛開了頭，卻也可以煞尾了。因為我畢竟不是一位哲學的行家，該說的已經說了。但行筆至此，已然是意猶未盡。

我想說的，只是自己在讀過這本書以後的幾點感慨。

第一是提出了新理論和新概念，是完全走出了舊教條、舊框框的新理論、新概念。

我記得《誰是新中國》出版之後不久，國內一所著名大學的一位歷史系主任，一位老教授，就曾在半夜打電話給我說：「你完成了一件大事，而且完成得很好。但這本書只有你這樣不是學歷史的人才寫得出來。我們這些搞了一輩子歷史的人，是寫不出來的。因為我們一輩子都只能、也只敢、並已經習慣在框子裏面跳舞，是跳不出那個馬克思主義史學的……」他為我高興，但話裏滿含著無奈和辛酸。雖然，我自己明白，論史學的知識和修養，我是沒有辦法與這位歷史學教授和許多專業歷史學者們相比的，我大半生愛的是文學，而不是史學；寫的是小說，而不是史論；我是為寫歷史小說，才研究歷史的。

多年之後，當我讀到黃先生的這本書時，他在哲學上所表現出來的知識和修養，雖然讓我錯認他是來自國內的一位老哲學教授，晚年到了海外才敢於「離經叛道」，但我心中還是充滿著詫異和迷惑。因為他的書，與那個在馬列中國橫行無忌，早已扭曲了中華人心的馬克思主義哲學，豈止是涇清渭濁，大相徑庭，而且其批判馬列的歪理邪說，所依據的，不僅有優秀的東西方傳統哲學，更有來自於自身的新理論和新概念。這些新理論和新概念，可以說與那個馬克思主義的框框和條條完全風馬牛不相接，全然不像那些就算是在批馬列、卻仍然是滿腦袋馬列的人士們。黃先生是一個從沒有框框條條而能夠自由地思考、研究和寫作的人，一個真正的自由思想家，一個因敢於創新而敢於批判的哲學家。所以，真正的出新，便是本書的第一大特色，也是我最深的感慨。

且看黃先生的新理論和新概念：

> 唯物主義者和唯心主義者長期以來爭論物質第一性還是意識第一性的問題懸而未決，在於兩者都不了解，當意識一進入到物質表象時，他們就形成辯證關係了。兩者都在一個統一體中，這就形成誰都不能決定誰的局面。
>
> ……
>
> 意識是運動著的，認識出來的東西，當然是運動的佔主導地位而靜止的處於被動地位，這時當然是意識決定物質。但唯物主義不承認，而且他們只承認物質是唯一的運動者，而沒有承認意識也是

運動的。沒有意識的運動，怎麼會有物質的相對靜止，它是相對於什麼而說的呢？很明顯指的就是意識。唯物辯證法在這裏偷偷地把思維運動的特性抹煞了。

……

我之所以用「創造意識」這個新名詞而不用「理性」，是我認為「理性」並不是很理性。理性概念顯然是用邏輯形式推理、判斷出來的。它有它的道理在，但它是意識再創造性的東西，依康德的說法，理念、理想是遠離客觀實在的，它不是能實證的具體概念，不能實證，我們能說這東西很理性嗎？無神論者與有神論者爭論時，常質問有神論者說，你說有上帝，你證明出我看，祂在哪裏？祂長得如何？這就是康德四大悖論所說理性無法信任的負荷。我們看到，這個「理性」雖然依照事物的「條理」、概念去進行思考——推理、判斷，但由於加工意識有其再生性，理性又在再生性意識上來完成其理念、概念，這就很難做到完全的「理性」。我將「理性」意識概括為「創造性意識」，是想將一些不是很理性的再生意識囊括進去……

黃先生在「認識論」這樣一個哲學的根本問題上，提出了自己的新理論和新概念，是因為不僅物質是運動的，意識也是運動的，意識絕不僅僅只是對物質的反作用，意識還可以再生意識，意識還可以與意識互動而產生新的意識。從而得出：所謂的「理性」，也有可能恰恰是「非理性」；被絕對化了的「理性」，更有可能就是絕對的「非理性」。馬克思主義就是「非理性」之最典型的例證。因為「理性」，它們不過都是人類的意識，或由意識產生的意識而已，有對，也會有錯。這就從基本理論上，否定了所謂的物質決定論。而由黃先生提出的「創造意識」這樣一個新概念，就遠要比所謂的「理性」這一舊概念準確而又深刻。書中這樣的新理論和新概念比比皆是，比如黃先生提出的，中國古典哲學的「吾」之哲學觀。我在此不過是掛一漏萬罷了。

第二是在哲學上準確而又精彩地批判了「馬列中國」的祖宗馬克思，批評了馬克思主義的哲學基礎——黑格爾哲學。

眾所周知的是，馬克思主義是靠共產黨的刺刀來為他實行思想專政的。換言之，就是在共產黨國家，馬克思主義鼓吹暴力，更依靠暴力來維護他自身這個統治思想。在馬列子孫的中國，毛澤東的最高指示便是「指導我們事業的理論基礎是馬克思列寧主義」。一九五七年，重慶中學的一位教師鄧祜曾，就只因為說了句：「我們既然自稱是擁有五千年文明歷史的大國，為什麼還要請一個大鬍子的德國人來做我們的祖宗？」便被打成右派，且被迫害至死。在馬列中國，這樣的宗教迫害何止千千萬萬。

然而，悲劇卻是，至今，當我們中國人已經明白馬克思主義只給我們民族和人民製造了膿和血之後，我們非但還不敢公開地批判馬克思主義，而且還要說：「馬克思主義是好的，只是我們中國人沒有做好。」馬克思主義不僅在我們中華兒女的身上化血為肉，腐蝕了他們的靈魂，甚至已經使他們當中的很多人變成了馬列子孫，而不識不認「三皇五帝」、「孔孟老莊」才是自己的祖宗。猶使一些所謂的知識分子，豈止是數典忘祖，至今還在「言必稱馬列」，而且「只敢高聲大罵中華的祖先，不敢小聲一罵馬列子孫的祖宗」。以至今日都有寡廉鮮恥者，居然還在德國的馬克思舊居前留言稱：「我終於見到了我們的正宗了！」在柏林曾屬於原東德的馬克思墓碑前，我們幾乎只能看到一伙一伙的中國人圍在那裏表示崇敬。親眼目睹此情此景時，真不知我們中華兒女們是該哭還是該笑？

在馬列中國，不僅「尊馬辱華」，要與中華的傳統思想、文化和歷史決裂，長期為官方和刺刀所號召、所保護，而且，就連對馬克思主義的哲學來源——在歐洲「近代」和德意志封建社會末期產生的所謂德國「古典」哲學，馬列中國的專家教授們也是一律地只敢捧，而絕不敢批評半句。雖然，黑格爾在西方，並不神氣，在西方哲學的歷史上地位並不高，從來沒有像在共產黨國家、特別是馬列中國那樣神氣過。但黑格爾在我們中華兒女的國土上，卻成了超越黃帝、孔孟、老莊的至尊。我們中華民族的民族自尊心和自信心，在共產黨血腥的刺刀尖下，已然是形神俱滅。

但是，中華兒女黃鶴昇先生，卻絕不做馬列子孫。他不僅敢於批判馬克思，而且勇於批判黑格爾。他不是為了批判而批判，而是要批判不正確的「絕對理性」，追尋正確的「創造意識」。

黃先生在他的書中，就曾這樣地批評黑格爾說：

自康德以後，一些哲學家想標新立意，要打破康德的理性批判哲學。做得最為突出的，要數黑格爾。黑格爾創立的「精神辯證法」，其無所不論，無所不包，他似乎囊括了所有的人類知識。他從無到有，到事物矛盾的相互對立，再到否定之否定，經過螺旋式上昇揚棄的運動和發展，達到最後的對立統一：絕對精神。黑格爾的哲學雖然張狂，將康德設置的理性界限於不顧。但他最後的「絕對精神」還是回歸到上帝——將其絕對精神的榮耀歸於上帝。

是的，浮現在黃先生筆下的黑格爾，不過是一個已經找出人間的「絕對理念」，卻又將這一人間的「絕對理念」送回到上帝懷抱裏面去的一個「大螺旋」罷了。

除此之外，黃先生還特別針對黑格爾所說的「凡是現實的就是合乎理性的」哲學讖言，在書中毫無遮攔地批評道：

黑格爾說：「凡是合乎理性的東西都是現實的，凡是現實的東西都是合乎理性的。」也就是說，凡是流行的，便是合理的，凡是合理的，便是真理。黑格爾更認為有客觀思維、客觀思想，以此為其絕對精神打保鏢。我們說惡也是現實的東西，這現實是否合乎理性呢？但黑格爾否定惡合乎理性，看來黑格爾的辯證法也是不現實的。

然而，黃先生知道，真正張狂的，還是黑格爾的徒弟馬克思。為此，黃先生在書中明確地批判說：

馬克思主義唯物辯證法是費爾巴哈的唯物論和黑格爾的辯證法兩者揉合在一起的哲學。其哲學範疇基本是執形器物相而思辨，其所指涉的形而上理性思辨，也是關於物性之理；其思辨範疇歸屬於物質本體論（意識是物質的屬性）。因此其道德哲學是由物而推己及人，即以佔有財富（物質）多少來做階級分析法，其人道是建立在物性與人互相作用的辯證上，由此引申出來的階級鬥爭有其必然性。一則他將黑格爾的絕對精神——上帝抹掉，講物質的無神論；

二則無儒學那種講心性的形而上學天命道德觀，其所表現出來的就是弱肉強食、強者進取，弱者淘汰的物質發展觀。

於是，黃先生便抓住了馬克思主義的要害即「唯物辯證法」，予以了透徹的分析和批判。他睿智地指出：

馬克思的唯物辯證法哲學是形而下的，這一點我們從列寧拚命反對形而上學就可以明證。我們從形而下來看唯物辯證法，唯物辯證法的原形就畢露了：與其說它是一門哲學，不如說它是一門物理學更恰當，或叫做「條件反射學」。諸位若不信，請看：物質（物質條件）反射給意識，意識（意識又以物質為條件）再反射回物質。只要我們將「反射」一詞換成「決定」一詞，就是馬克思的唯物辯證法。

如今還在馬列中國苦熬的中華學者們，要是能夠讀到這樣一段批判的言詞，怕不是要「大快人心」，甚至是要「大快朵頤」的。

此時，我們再來回首尼采對辯證法的批判，就會更加覺得他言之有理。尼采說：「辯證法只是一個黔驢技窮的權宜之計，在使用辯證法之前，一個人必須先強行獲得他的權力。」尼采還批判說：「辯證法家手持一件無情的工具，他可以靠它成為暴君，他用自己的勝利來出別人的醜。辯證法家聽任他的對手證明自己不是白痴，他使對手激怒，又使對手絕望。辯證法家扣留了他的對手的理智。」

黃先生的書證明了尼采對辯證法批判的準確，但他比尼采批判得更妥帖、更深刻、更哲學、也更富有「創造意識」。

第三是在哲學上「不薄今人愛古人」和「不薄西方愛中華」。

中國自上個世紀初，因我弱他強，西學東漸，而開始以西學為師。但由於缺少對西方的瞭解，完全不知好壞就理，幾乎與此同時，竟開始了對自身傳統歷史文化的否定、批判，甚至高喊要「打倒」，以為「全盤西化」才是唯一的出路。其間，適逢前蘇俄武裝背叛本國的二月民主革命成功，新沙皇列寧、史達林，一為建立和鞏固黨主極權專制制度，二為承續老沙皇「開疆略地」的野心，三為拉住東方以助他反對「帝國主義的西方民主國家」，雖然在東歐數國策動共產革命、篡立「俄屬蘇維埃共和國」迭遭失敗，卻在中國運用種種手段製造了「第三共產國際中國支部即中國共產黨」，並在中國腹心地區江西瑞金，篡立了「俄屬中華蘇維埃共和國」。從此，在中國數千年的歷史上，居然出現了一家不僅在政治上附庸外國，而且要在文化上滅絕本國的馬列子孫集團。這個集團後來終於利用國難當頭而坐大、而奪權、而篡立成功建了一個馬列中國——前「俄屬中華蘇維埃共和國」。這個馬列中國，既要與中國的傳統思想文化決裂，更採取了種種史無前例的血腥手段來滅絕中國的傳統思想文化——批判、否定、打倒，直至打砸毀燒、挫骨揚灰而不能足。及至毛酋終死，國已空、民已絕、權要落、黨要亡之時，才與世界歷史上所有將亡的專制統治集團一樣，要推行專制改良以自救。但是，在思想和文化上，這個在一切方面都徹底地被馬克思「西化」了的專制政黨，豈但仍要以「反對全盤西化、反對資產階級自由化」為旗號，繼續拒絕西方近現代的真文明，而且培養出又一批專罵中華民族歷史和文化，卻決不敢稍稍批評馬列思想和馬列中國之形形色色腐爛文化的所謂自由派知識分子，即至今都在與中共「共患難」的上層知識分子們。這些人在「我黨」的領導下，雖然喪盡良知和良心，卻以崇尚西方的思想自由為幌子，以咒罵中國的傳統歷史和文化為目標，實則是在借謾罵中國的歷史文化，來為共產黨對我們民族和人民犯下的滔天罪惡「背書」——將共產黨禍族殃民的「實績」，說成是中華民族的歷史文化、甚至是我們的天地人心所使然，所謂「有什麼樣的人民就有什麼樣的政權」便是其惡言之一。他們表面上愛自由，實際上還是愛中共；表面上批專制，實際上卻在保專制。只不過做出一副「我是自由派，我就是誰都敢罵！」的模樣，卻只罵中華、不罵中共；要罵，也是小罵大幫忙、和大罵幫大忙，這樣的惡例多不勝舉。雖然，許多不甘心做馬列子孫的中國知識分子，早已看穿了他們，也早已不屑於他們，但在共產黨的天下，也只能對他們徒喚奈何！

此時，卻有一位二十年前就自己出走馬列中國的黃鶴昇先生，在馬克思不要的祖國——德國新天鵝堡腳下，用他的一顆中華之心，對哲學苦心研究十數載，終於成了一個真正的「自由派」哲學家。而能夠標誌著這位真自由哲學家之自由特徵的，就是他在哲學思想上確實做到了「不薄今人愛古人」和「不薄西方愛中華」。

所以，黃先生的《老莊道無哲學探釋》這本書，才會在談古說今，兼論西東之時，有取有捨，有批判也有推崇。

他相當地喜愛歐洲的古典哲學，又對中國的古典哲學如數家珍；他對德國的近代哲學有肯定有批判，又對中國那些哪怕是被馬列幽靈纏繞的現代哲學著述，也能夠細心地「去偽存真」。特別是他能夠將西人的哲學與中國的哲學進行比較研究，使之相得益彰，且能推陳出新。特別是他將中國的老莊哲學看成是世界的哲學奇珍，因而才不單單對那些「我黨的哲學家」要將中國老莊哲學納入馬克思的辯證法系統，感到深惡痛絕；而且在他驕傲地呼喊出來的「怎可說我中華沒有哲學！」的空谷足音間，猶為理直氣壯地證明了我老莊「道無」哲學的高深哲理，中華民族獨有的「吾」之哲學又是何等地精彩，和中國儒家早已提出的「意識對意識之關係」的千世經典，非但為世界所沒有，而且解釋了西方理性哲學所不能解釋的世界本源，打通了西方理性哲學研究的死路。他在論及孔門哲學時就說：

儒家的整套理論都是講人與人關係的，即意識對意識的關係……其目的，是要達到知人性、知天命。其所謂的格物致知，也不是西方傳統哲學認識論的意識對物質的關係……。

我想，黃先生對「意識與意識關係」之哲學認知，之形成觀念，之走向體系，應該與他對中國儒家「人的哲學」和「仁的哲學」所下的功夫有相當的關係。

黃先生在他的書裏是這樣「尊康崇老」的：

我讀康德的《純粹理性批判》後有一個震撼，就是覺得康德思想的深邃，他已窺見到人認識背後那個form（形式）。這，不就是當今電腦之所以可能的理論基礎嗎？早在兩百多年前，康德就發現了人心是如何獲得知識的程式。所以我認為康德是電腦發明的鼻祖。而我們的老祖宗老子更厲害，早在兩千多年前，就發現人心是如何中木馬病毒的，並且發明一套洗去木馬病毒辦法，使人得到徹底的解放。如此看來，老子對康德這個認識形式是有所了解的，不然他就無法發明這套治人中木馬病毒的方法。故莊子稱老子為「古之博大真人哉！」

黃先生在他的書裏又是這樣地批評西方近代哲學的：

由於理性的侷限性，它不可能證明上帝的存在，因此西方哲學走到理性的盡頭後，不是回歸到自然主義（如斯賓諾莎）就是走向神秘主義（如謝林）或獨斷主義和懷疑論者（如休莫）。可以說，自康德宣布理性的侷限性和點出「物自體不可知」之後，西方理性哲學已走入死胡同……黑格爾（想）用「否定之否定」來解決，宣稱取得了「絕對精神」；而謝林則走向神秘主義；叔本華則用取消「生命意志」來找出這個「物自體」……康德的「物自體」及他提出的「四大悖論」，給人留下兩大哲學難題：一是如何證明上帝的存在？二是人是否可以獲得絕對的自由？由於康德的批判哲學已指出理性哲學的侷限性，認識需依賴於經驗才有所發展，這就使人陷入兩難的境地：一是人打破沙鍋問到底的天性得不到滿足；二是人類靈魂游離於表象世界而無處歸宿。

黃先生對他的中華古典哲學這樣尊崇不已地介紹說：

> 還是中國古老的《易》展現得好：陰陽互相轉換，有時陽多，陰就少了；有時陰多，陽就少了。但不會是陽徹底戰勝陰，也不會是陰徹底戰勝陽，物極必反，「絕對」是沒有的。儒家對處理事物的發展，採取一種「中庸」的態度，也就是在矛盾的兩個對立面中，採取不偏不倚的中間路線。……其高明就高明在這裏：中國人知道不可能徹底消滅矛盾，只能在矛盾的雙方取得平衡，以求達致生存的最佳境地。所謂的「天時、地利、人和」，就是抓住中庸之道。

他還說：

在《論語》裏，子貢與孔子有一段很著名的對話：子貢問曰：「有一言而可以終身行之者乎？」子曰：「其恕乎，己所不欲，勿施於人」。我們以現代人的眼光來看，孔子的做法是很聰明的。他知道他人也是一個主體，一個會思的自由人，你的意識不能代替他的意識，於是孔子「反諸求己」，以己度人。凡是我不喜歡、不需要的東西，我也不會施加於他人。孔子這個做法，用我們現代的話說，叫做「將心比心」。孔子是向內轉來求與外在他人的平衡的。他的表現，與海德格、薩特等存在主義者恰恰相反。孔子先求其內省來對待他人，嚴於律己，對他人採取寬恕的態度。他的哲學，是以一個「仁」字來建立的。「克己復禮為仁。一日克己復禮，天下歸仁焉。為仁由己，而由人乎哉？」

黃先生終於用中國之特有的「吾之哲學觀」，說出了我們在哲學上與西人的差異，是我們與他們「異」，他們比我們「差」。他說：

西方哲學家無法擺脫笛卡兒「我思，故我在」的魔匣，是其只有一個有對的「我」，而無中國人不言有對的「吾」。「我」是有對的，有一個對立面他人、它物而言。……我作為主體存在的時候，必有一個客體作為矛盾的對立面而存在。故說這個「我」，是有對有象有所執的，要與外界客體對象發生聯繫才能顯現……但「吾」與「我」就不同了，吾完全在己，不涉及外物、他人，是無對的。吾就是吾，全在其自己，無矛盾的對立面，無外在而言「吾」。就是說，我是有辯證的，但吾是無辯證的。我們要使老子的道無所以可能，不能不論及中國古人這個「吾」的哲學觀。

但是：

西哲沒有「吾」（叔本華用辯證法來表達，他認為無的對立面就是全有。從這裏我們也看出西哲無「吾」的一個缺失，他無法表達無矛盾的在），人們以為「無我」就失去了所有的人生價值了，實則這個真「吾」還是在的。叔本華很了不得，這個「無」，許多哲學家碰都不敢碰它，他們望而止步。無，一切都沒有了，還有什麼可論？還有什麼可談？講不出個所以然來，就沒有什麼學問可做了。故他們寧可退回到知性、感性中去，但就是不敢再退一步到「無」的境地，他們不敢丟掉這個「思」，這個「我思」。以笛卡兒的說法，我思，我才能存在，若我不思，我就不存在了，這是萬萬使不得的。這就是因為他們不懂得去我存吾。「喪我」，就是無我，無我則無物，兩者皆忘，而吾則立在其中，自由自在了。

黃先生終於批判了馬列中國的那些數典忘祖者，特別是甘為馬列子

孫者：

西人不懂得我華夏這個哲學的奧妙，批儒、道哲學可修成聖、至人，可成仙變神人為不可思議，實則西人無中國文化的這個「吾」

也，他們不可能發展出中國此等哲學來。中國現代的一些學者，不知就裏，受西方辯證哲學的影響，將辯證法引入儒學和道學的研究，特別是對老莊道無的研究，讓人讀了忍俊不禁。他們自以為是，說老子的道具有樸素的唯物辯證法思想，說老子的道是辯證的，無為就是有為，柔弱就是強壯，無德就是有德等，用此等辯證法解析老子，只能將老子的道降到有形相對的道，即實有的道。這如何窺見到老子道的「玄妙之門」？老子說那些形而下的辯證，就是為了說明他的道不需要辯證。他的道不同於人世間所說的道，他的德也不同於人世間所認同的德。他的道連個名稱都說不清楚，我們何必亂拿那些實有的東西來與道比附。老子的道，是不能用意去猜度的，更不能用辯證法去辯出個所以然來。

黃先生，不僅透過對哲學的探討和研究，用正確的研究方法和重大的研究成果，維護了自己的民族自尊和民族自信，而且他更用哲學上的新理論和新概念——他特有的「創造意識」，提升了我們中華民族的自信心和自尊心。面對今日的馬列中國及其馬列子孫集團而言，真是何其難得！何況黃先生的嶄新哲學思想體系已見端倪，獨成方家的美好前景已然是光彩耀眼，所以我才會在為這本書寫的內容介紹中說：

本書是一本「通」書。這麼說，不僅是因為「不通」和「未通」的書太多，更因為本書所擁有的哲學的新思想和新意識，是具有創造意義的，是自成一體的，是相當精深而又法乎自然的，是民族的而不是非民族的，是不薄今人愛古人和不薄西方愛中華的。所以本書才既能夠跳出三界之外，又能夠深入三界之內。如此，這本論述如何才能「通向天人合一之路」的純哲學專著，才真正有可能引導你「通往天人合一之路」。

不揣淺陋，是為序。

二〇〇九年二月二十七日
於美國紐約

自序　偶像黃昏中的哲學途徑

太陽慢慢地向西沉下去，滿天的彩霞，漸漸失去它特有的顏色，變得灰暗陰沉。那柔和的落日餘暉，像一塊朦朧、看不透的面紗纏繞著大地。陣陣的涼風，吹得樹葉沙沙作響，撩撥著人懶庸的倦意。

黃昏時刻到來了。

這是偶像的黃昏，太陽光輝無力炫照的黃昏，牛鬼蛇神紛紛出洞的黃昏。在這黃昏時分，有太多的理論出現了，有太多的偉人出現了，彼此都爭著夕陽的餘暉，在黑夜來臨之前，製造一束電光，企圖閃耀這個世界。

黃昏到來了，閃電能起作用嗎？

我獨自走在一條彎彎曲曲的小徑上，在這落日餘暉，閒庭信步。十幾年前，我就喜歡在這小徑上行走，在這黃昏時分中思考我的哲學。

我的哲學發端，是在那黃昏理論——唯物辯證法下進行的。

當年那個自稱為人類有史以來最正確、最偉大、最科學的馬列主義世界觀——唯物辯證法，那個曾經光芒四射、紅極一時的唯物辯證法，令多少中國人傾倒啊！它無所不論，無所不能。可是它既使我陷入無限的困擾：它無法解決人意識產生意識的特性，無法闡述意識決定意識的作用。這種哲學，無法通達人類形而上學的思考。

在上世紀末，我思已初具雛形，當我決定要書寫的時候，偶然中遇到一位馬列唯物論者，他告誡我說：「以你一人之力，要批判唯物辯證法？不可能！」其言下之意——唯物辯證法，高深莫測，神聖不可侵犯。

可是我還是書寫了，在這黃昏時分。我像那個小孩，那個天真無邪的小孩，從人群中站出來了。他說：「那皇帝沒有穿衣裳！」我對你們說吧：「馬克思不懂得辯證法！」開玩笑嗎？一個創造唯物辯證法理論的人，不懂得辯證法，這可不是天方夜譚吧？

我不是吹牛，也不會撒謊，我是作為一個天真的小孩告訴你們的。你沿著我的哲學小徑去看看吧。真的，馬克思真的不懂辯證法。我不僅說出了真話，而且我已證明出，在哲學的領域裏，馬克思主義的唯物辯證法是最低下、最膚淺、最市儈的哲學。

人，其實不需要很高深的學問，單憑一點童真，就可還人的面目。

在這黃昏時刻，我也迷惘過，徬徨過。那個意中之意不斷作用於我人，我們能找回自己的家園嗎？能找到自己安身立命的處所嗎？幾千年來，中國人是如何生活、如何闖過那千難萬苦的？說中華文化沒有哲學，簡直令人難以置信。每當黃昏時刻，我在我家附近小徑散步的時候，一個聲音總在我耳邊響起：「你把我們亮出來吧，我們絕對不會輸給西方任何哲學。」我聽到的是孔子、老子的聲音。

幾千年來，華夏民族形成自己獨特的文化，有一套安身立命的哲學觀。無論世界如何變動流化，潮起潮落，中國人都有一套從善如流的應對辦法：「生於儒，退於道，遁於釋。」其哲學「左右逢其源」、「大化流行」。不說恢弘偉岸、果實累累，亦可說無太過矣。

天不從人，二十世紀西哲東掃，那個由希臘人開創的理性哲學橫掃中國大陸。而由此哲學生出的科學精神，更是銳不可擋，中華文化哲學逐變成小媳婦而顧影自憐，失去了它應有的光彩。

中華哲學，真的就那麼無能無用嗎？真的就低人一等嗎？由於中華文化歷史的悠遠，由於中國文人的懶惰，那「早熟的文化哲學」（梁漱溟語）被荒廢了。近幾十年來，馬列主義興行，那個無所不辯，無所不能的唯物辯證法已顛覆整個中華文化。那個不善思辨的中華哲學，不僅被打翻在地，更是再踏上一腳，似乎永世不得翻身矣。在這黃昏朦朧迷惑的時刻，一大批牛鬼蛇神，他們駕輕就熟，攀龍附鳳，人云亦云，也出來咒罵我中華哲學這也不行那也不是。這種輕佻的學說，亦在混水摸魚中得到一定的流行。

我要開闢一條途徑，一條通往天人合一的途徑，證明我中華哲學，其用思是有別於西方思辨哲學的，而不用思也是有別西方神秘主義哲學的。孔子的學說「極高明」而「致精微」，是人道之至極，也可說是用思哲學之至極；而不用思的哲學，老莊的「道無」更是玄妙。其哲學已打開人類重返上帝伊甸園的大門，解開了康德「物自體不可知論」的死結。他們已抵達哲學的最高境界。

我的企圖，已攤開在這本小冊子上。我不是發明斯道之人，只是從地下挖出這個金子的人。斯人已逝，老莊的道無哲學遺失也久遠了，吾人能悟覺到這「玄牝之門」嗎？

黃昏時刻，不要用眼去看，不要用耳去聽，也不要用智去辯。用你的慧覺去感應感應感應吧。我此書，專為你們這些聰明人而作。

黃鶴昇於聚寶樓

二〇〇八年十一月二十日

CONTENTS

一、智識的起源

《聖經・創世記》上說，上帝最初造出的人——亞當與夏娃——是沒有智慧的，他們在伊甸園無憂無慮，過著天仙般的生活。後來，他們不聽上帝的忠告，受了蛇的引誘，偷吃了伊甸園的智慧之果。從此，人有了智慧，有了知的欲望，人的困擾、煩惱就接踵而來了。《聖經》的這個故事，我們不需考察它的真實性，但人的痛苦、煩惱，確實是因為智慧帶來的惡果。人有了智慧，就產生無息止的欲望，這個欲望不斷作用於人生，使其不得安寧，人生來就是痛苦，直至死亡才能解脫。這就是德國哲學家叔本華所指出的「生命意志」在作怪，這個「生命意志」使人生永遠不能滿足，一個欲望接著一個欲望，直到生命的死亡，人生在世，毫無意義。活著，就是痛苦。

難道說，人生就是這麼悲觀，痛苦和死亡是人生的唯一選擇？再沒有第二條道路可走？

我們沿著《聖經・創世記》的述說去尋找鑰匙，解開人類這個悲慘死結罷：既然人是偷吃了上帝的智慧之果，才帶來人生如此的多災多難，那麼解開此一死結，不就是放棄智慧嗎？只要我們不要知識，不要思，返璞歸真，不就可以回到亞當與夏娃在伊甸園那種無憂無慮的快樂生活了嗎？事情是多麼明瞭簡單，可是這麼明瞭簡單的辦法，為什麼人不去實行貫徹呢？這全然由於人被這個「智慧之果」所困：人不要智慧，不要知識，這是多麼荒唐的事情？而且這個「智慧」是人生來有之的，不是你說放棄就放棄的。你說我不思了，思想就可停止嗎？思維能由我們自己控制嗎？你說我不想要了，物質享受的誘惑就停止了嗎？人生，能無思、無為、無欲嗎？

實際上，在兩千多年前，中國有個叫老聃的人，他就做到了無思、無欲、無為。他真的重返了「伊甸園」，過著無憂無慮的「沒身不殆」[1]的生活。

1 《道德經》第五十二章，安徽人民出版社，二〇〇一年十月第一版，二七一頁。以下全書引用老子的話，皆以此版本為注，為了方便，僅列出頁數，不再列出出版社和版本日期。

這是否是天方夜談，讓人聊以自慰的話？上帝已把人類趕出了伊甸園，我們能夠索門而入嗎？我們還是先來考察智識的起源，看看意識是如何誕生的，然後看看是否能找到打開伊甸園大門的鑰匙。

人生下來，他的意識就與這個物質世界發生了不可分割的聯繫。這個自我意識，總是要有一個客體為對象，沒有對象，就無從意識；而物質世界（客體），就是人意識的第一源泉，智慧第一個接觸的對象就是物質，人就是由物質構成的。人生下來，他生活的依託都是物質：他的呼吸、他的飲食、他的取暖等基本生存條件都需要物質，就連他的身體，甚至構成他思維的大腦都是物質的。可以說物質對意識的作用，是無處不在，無時不有的。唯物主義者說物質決定意識，在這個意識起源初級階段來說，大致是不錯的。但人的智慧出現以後，物質與意識的關係就變得複雜了。這兩者構成矛盾的對立統一，是物質決定著意識，還是意識決定著物質？這個意識與物質的關係，就像膠合板一樣，分不清膠與木塊的關係。長期以來，那些大智大覺的哲學家們爭論不休，唯物主義者說是物質決定著意識，唯心主義者說是意識決定著物質。到底兩者的關係如何？我們必須做進一步的分析，必須理清意識與物質兩者的關係，弄清楚這個主體和客體的關係，這個主體和客體在馬克思唯物辯證法來說叫「物質與意識」；在費希特（Johann Gottlieb Fichte，1762-1814）那裏，叫做「自我」與「非我」；在我們中國人裏叫「格物致知」。這就叫做認識世界。我們認識了這個物質世界後，然後反過來認識我們這個「人」：我們人的意識是如何產生和發展的。在中國人來說，「知人，知地，知天」，地和人是怎麼一回事我們都知道了，這就叫做全面認識了人類世界。但認識人類的世界還不夠，還要認識這個天——茫茫無際的宇宙。要做到知天，以中國的儒家學說來說，就是通鬼神了。通鬼神者，乃質諸鬼神而無疑也。其實這就是儒家所說的「知天命」了。我們只有弄清楚人的智慧與這個世界到底是怎麼樣的一個關係，即意識與這個表象世界的關係後，我們再來考察我們是否能重返伊甸園。這個智慧的要害在哪裏？為什麼上帝要把我們趕出伊甸園？也就是說，要打通一條通往天人合一之路，非弄清楚這個知識是怎麼一回事？即所謂的認識論。通曉認識論，也就是「知人、知地」了。然後我們再來「知天、通鬼神」，人只有抵達通天通鬼神的地步，才能認識到為什麼上帝對亞當偷吃智慧之果那麼憤恨，要把他們趕出伊甸園。此時我們才能體會到智慧的禍害。知識是如何妨礙人類獲取絕對的自由？人是如何被知識所累的？因此，我們將一步步考察這個「智慧」，這個人類的意識。

孔夫子說：「吾十有五而志於學。」[2]這個「學」，就是「格物致知」，就是求取知識，也就是人如何去認識事物的。老子的「人法地，地法天，天法道，道法自然」[3]的第一句「人法地」，也就是認識我們這個人類生存的世界——地球。用哲學家們的語言來說，就是認識客觀物質表象世界。人的意識與物質表象世界是何等關係？人是如何得到知識的？

2 《論語・為政篇》，藍天出版社，二〇〇六年八月第一版，頁二〇。

3 《道德經》第二十五章，頁二六八。

二、意識與表象世界的關係

人從呱呱落地那一刻起，他就與這個客觀物質世界接觸了。因為這個物質世界是我們人類賴於生存的基礎，我們人類的意識，也離不開這個物質世界。因此，哲學家就用理性考問起這兩者的存有問題：是先有物質還是先有意識？這兩者是意識決定物質呢？還是物質決定意識呢？這就是哲學界唯物和唯心的爭論。兩者的觀點南轅北轍，但說到底還是如何處理人的價值問題：人如何在這個世界生存？人生存的基本法則——所謂的世界觀。這個世界觀關係到人對生存的價值判斷。

關於意識和物質的關係，唯物辯證法講的是「物質的第一性」。他們認為先有物質後有意識。在這裏，我們以馬克思唯物辯證法為例，對意識和物質的關係做進一步的探討，看看這兩者的關係如何？

馬克思的唯物辯證法認為，物質是第一性，意識是第二性，物質決定意識；然後意識再來反作用於物質。這就是馬克思主義的唯物辯證法。

唯物主義者說，早在意識出現的幾萬億年前，物質早就存在了。而人的意識，也是依賴物質而存在。沒有物質，人類根本不可能存在，我們可以想想，沒有地球，人類如何立足而生？而人用於思維的頭腦——產生意識的工具，也是由物質構成的，人一死亡，思想也隨著消逝。他們還舉出例證，物質是一切存在，沒有物質，意識就無從反應。故說物質決定意識。

以唯物主義的觀點來看，物質決定論是無可挑剔的。但是我們將人——這個特殊的人的意識引進物質世界的時候，將物質與意識放進辯證法的時候，物質決定論就動搖了。

唯物主義者說，沒有物質，意識就無從反映，而倒過來說，若沒有意識，物質也無從被顯現。兩者是處在一個矛盾之中的，即對立統一的狀態，沒有你也沒有我，反之亦然。為甚麼會出現這個問題呢？這是因為人的意識特殊性所決定的。到目前為止，意識（指人的理性）只有人所特有，世界上再沒有發現其他東西所具有人這樣的理性——這是世界上就人所唯有獨一無二的（除上帝外）。當我們將它與物質進行辯證的時候，這兩者就處在一個對立統一的狀態之中：它們是一個矛盾的兩個方面，它構成你中有我，我中有你的關係，誰都脫不了身，物質包含著意識成份，意識也滲透著物質的因素。這就是物質與意識的辯證。如果假設說意識除人持有外，還有其他多種意識，那這個辯證就不同了，有可能是物質決定意識，也有可能是意識決定物質。但是，意識就我們人所特有，說穿了意識就我的，是我構成整個世界，我不思，世界就消失了。我之意識與物質形成一對一的辯證過程之中，就只能是一個矛盾的兩個方面，誰也離不開誰，誰也決定不了誰。在認識論上，兩者是辯證的，是對立統一的。從邏輯上講，它是分析的，即兩分法的。所謂的辯證，就是兩者是互相聯繫、互相依賴、互相並存的關係，它既對立又統一。無我思，世界無從顯現，無物質現象，我則無對象所思。以此來看，就沒有誰決定誰的問題，兩者是平衡的關係。即辯證的關係。

我們從康德（Immanuel Kant，1724-1804）的「物自體不可知論」可以看出，物質決定論是荒謬的。康德說我們人認識的是「表象」（現象），至於表象背後的「物自體」（das ding an sich）是什麼？我們不得而知。唯物主義辯證法也承認物質的無限可分。既然物質是無限可分的，我們就無法追究到物質最後的基質是什麼。這就是說，物質到底是什麼？我們還沒有絕對的掌握，連它的本質是甚麼我們都無法決定，我們又怎麼能妄下決論說是物質決定意識呢？後世的哲學家，不少人批評康德這個「物自體」，說康德是個不可知論者，但你想想，這個「無限」的涵義，你的意識如何抵達它的彼岸？有人說，意識是無限的，他可以認識世界。如毛澤東在他的《認識論》也說過：「認識—實踐—再認識—再實踐，直至無窮。」這個「無窮」可說是無限的。學者李澤厚先生在他的《批判哲學的批判——康德述評》一書中也認為絕對真理是可以認識的，[1] 並說人類的實踐歷史已可證明。我們從人類發展的歷史來看，確實有很多東西被人類認識了，好像我們的認識不斷地向絕對真理靠攏。但是我們放開思維想一想，這個物質「無限可分」和宇宙的無限性，我們如何窮盡它呢？我們無法找到那絕對的彼岸，絕對的源頭。好，我們就承認意識也是無限的，這樣我們就得出如下公式：

1 李澤厚，《批判哲學的批判——康德述評》第七章第三節之三〈人應該在實踐中證明自己思維的真理性〉，三民書局出版股份有限公司，民國八十五年九月初版，頁二七五—二七九。

物質無限—意識無限＝0；宇宙無限—意識無限：0。

兩個無限相減，還是不可知。彼此都不可能抵達對方的彼岸。李澤厚們只看到世界不斷被認識，但沒有想想這個「無限」的含義。除非我們說物質是有限的，時間是有限的，空間是有限的，整個宇宙是有限的。否則我們設置的「可知論」就是一句廢話、空話。康德的二元認識論是恰當的，他設置的「物自體不可知」是很聰明的，認識必然是兩元的，不可能是一元的。我們認識的是現象，世界的表象，而不是「物自體」。這也是因為時空的關係，人在時間、空間的形式下認識事物，不可能產生絕對，時間是沒有始終的，空間是無限擴延的，我們不可能在認識因果律上窮盡物質始起、終結。物質最後的因子是什麼？理性無法理解現象背後那個物自體是什麼。這決定人的認識無法找到絕對。所謂的物質決定論是說不通的。

唯物主義將存在同等於物質，認為物質是唯一的存在。列寧對此特別認可，他將唯物主義物質的定義為「客觀實在」。他說：

一些自然科學家說物質正在消失。說物質可以歸結為電。那些唯心主義者也跟著起哄，說物質消失了。無論他們怎樣攻擊唯物主義，他們的陰謀是不會得逞的。因為物質的唯一「特性」就是：它是客觀實在，它存在於我們的意識之外。哲學唯物主義是同承認這個特性分不開的。[2]

這樣，他就把一切的存在都包裝進物質中去，但我們展開思維活動時，就會有四個存在：一是物質的存在；二是時間的存在；三是空間的存在；四是我（意識）的存在。這四個存在，是構成我們對事物進行概念、判斷、推理的必要條件；也就是說，從感性到知性，再到理性的認識過程，都必須具備這四個存在。因此我們若要在認識論上引入辯證法，就不能說物質是唯一的存在。馬列的唯物辯證法承認時空的客觀實在性，但既不承認它「有」，說它是物質存在的形式，不是內容。這種漠視時間、空間存在的辯證，常常在辯證過程中自相矛盾。他們說物質是運動的，只有

2 列寧，《唯物主義和經驗批判主義》，此語轉引自《唯物辯證法大綱》，李達主編，人民出版社，一九七八年八月第一版，頁一七四。

在時空中運動的物質，除此之外，再沒有什麼運動的東西了。但在認識事物的過程中，唯物辯證法則承認物質是相對靜止的。那麼，那相對運動的是什麼呢？不就是思維（意識）嗎？思維是活動的，變化的。沒有意識超越對象，將對象視為相對靜止的，那是不可能認識這個事物的。意識是運動著的，認識出來的東西當然是運動的佔主導地位而靜止的處於被動地位，這時當然是意識決定物質。但唯物主義不承認，而且他們只承認物質是唯一的運動者，而沒有承認意識也是運動的。沒有意識的運動，怎麼會有物質的相對靜止，它是相對於什麼而說的呢？很明顯指的就是意識。唯物辯證法在這裏偷偷地把思維運動的特性抹煞了。意識，他是在時空之下的意識，而時空是運動的形式，說只有物質的運動而沒有思維的運動，從而得出人的意識是不可能的。

此外，唯物主義說物質運動有五種形態，就是說，物質的運動是有規律的。從形而上來說，即存在物質運動的理。物質為什麼會這樣運動而不是那樣運動呢？它顯然存在一個先天的理在那裏。這個物質背後存在著運動理的法則，這個法則雖然看不見、摸不著、無聲、無臭，但我們不能否定它的存在。這個法則是哪裏來的呢？是什麼在背後推動物質是這樣運動而不是那樣運動的呢？許多哲學家把這歸為「自動因」或說「自因」。這個「自因」說，西方一些哲學家歸結為造物主——上帝在背後推動。而唯物主義者沒有上帝，這個最後的「為什麼」是無法解決的，因為時空的無限性，根本就推論不出因果律的最後因子，叔本華早就指出這點。[3]他以此攻擊黑格爾的「絕對」說。可見這個「自因」說也是廢話。

如果我們打破沙鍋問到底：「物質是從哪裏來的？」你答說是自動形成的。這還是不通，還是找不到真正的原因。列寧說「物質是客觀實在」，如依康德所說，我們認識的都是現象，那個理性無法直觀的「物自體」得不到絕底的解決，那麼這個「實在」在哪裏？我們所得到的這個「客觀」，也只是表象而已。如果我們無法追根究底物質是怎麼一回事，那麼所謂的「物質決定論」就有問題了。就連說它只有「五種運動的形態」也讓人可疑了：我們還沒有徹底弄清楚物質什麼，怎麼能下結論說物質運動就這五種形態呢？說來說去，這個結論是意識的，是我們人給它下的結論——一個意識的結論。也就是說，是我們用意識推理、判斷出來的

3 叔本華，〈充足根據律四種根〉，《叔本華文集。悲觀論集卷》，青海人民出版社，一九九六年九月第一版，頁三九三—四一〇。

結果。

從上面的分析我們可以看出，馬克思、恩格斯、列寧他們當初創造唯物辯證法時就把大前提搞錯了，可以說他們根本就沒有吃透辯證法的內核——矛盾論。馬克思將費爾巴哈的唯物論和黑格爾的精神辯證法揉搓在一起，以為可以創造一門新的哲學，美其名曰「唯物辯證法」，這是馬克思們的最大錯置。辯證法的核心是矛盾的對立統一，它必須要有對立面才能辯證，而且不僅是「對立」，還要有「統一」。就是說，當你將物質與意識進行辯證時，它們就形成了一個矛盾的兩個方面，沒有你，就沒有我，沒有我，也就沒有你；它們處在既對立又統一的關係之中。就像中國古老的《易經》所說的「陰陽」，沒有陰，就沒有陽；反之亦然，因為它們都處在一個統一體中。馬克思、恩格斯們在建構其「唯物辯證法」時，可能沒有想到：你若要「唯物」，就不可能用意識去作「辯證」。你一做辯證，就你中有我，我中有你了。我們說到「上」，「下」就同時存在了。你用意識去做辯證，既先來個「唯物」，先認定物質決定意識才進行辯證，這是不符合辯證法的。用辯證法的話來說，當馬克思們一說到「物質」這個詞的時候，這個「物質」本身就包含著意識（是意識賦予它名稱和意義的）。唯物辯證法為了維護物質的「尊嚴」，不惜一切代價去「唯物」，說世界是物質的，甚至意識也是物質的屬性。這種刻意抹殺人類意義的物質決定論也就失去了辯證的意義。單就意識來說，沒有意識，物質如何顯現？如何得到反映？故說物質必須以意識為條件，人類才能感悟到它的存在。德國哲學家叔本華說：「物質的存在就是它的作用，說物質還有其他的存在，那是要這麼想像也不可能的。」[4]

某東西只有作用於我們的意識，我們才能確定它的存在。當唯物主義者說「先有物質後有意識」這句話時，是意識意識到物質的存在才能說出此話的。也就是說，物質只有與意識發生作用，才有它的存在。無論物質如何客觀存在，考察出它先於意識多少萬億年前就存在也好，只要你一提意識，並企圖在這兩者之中辯證出一個勝負，那是妄然的。一個統一體中的東西不能講誰決定誰，誰消滅誰，誰吃掉誰。妥當的說法叫做互相轉換。它們是一種互相依賴，互相影響，互相作用的關係。

我們再來看看哲學家柏克萊與大文豪約翰生對石頭的爭論，這個問題

4 叔本華，《作為意志和表象的世界》，青海人民出版社出版，一九九六年第一版，頁一〇。

就更清楚了。柏克萊與約翰生一起散步，當柏克萊踢到一塊石頭「哎唷」一聲時，約翰生問：「如果你沒有踢到這塊石頭，它存在嗎？」柏氏答說不存在。這就是柏克萊「存在就是被感知」的有趣故事。唯物主義者說柏克萊荒謬，石頭實實在在存在世界上，他既說不存在。而柏克萊的支持者既說：「假如我不感知到它，它又如何存在？我說某某星球住著外星人，你說存在嗎？你不被感知，當然是胡猜了。」其實，唯物主義者和唯心主義者長期以來爭論物質第一性還是意識第一性的問題懸而未決，在於兩者都不了解，當意識一進入到物質表象時，他們就形成辯證關係了。兩者都在一個統一體中，這就形成誰都不能決定誰的局面。柏克萊陷入約翰生的悖論，是他將被感知的東西來個假設，同樣，將一個未被感知的東西來個假設，如上面提到的外星人問題，也可令約翰生陷入悖論。

對於唯物主義和唯心主義的爭論，兩者都將焦點放在物質與意識的對立面上，而忽視它們同時也在一個統一體中。這方面法國哲學家迪卡兒做得最為突出。他把物質與意識絕然分開進行兩分法論述，最後結論只能是「我思故我在」。

三、人的認識過程

若我們在認識論上引進辯證法，物質與意識兩者關係是互相依賴、互相聯繫、互相滲透、互相作用的關係。兩者既對立又統一，並非誰決定誰。有時可能是物質的成份多一些，有時是意識的成份多一些，但是兩者一定不能缺少那一方。所謂的「格物致知」，即意識要有物質為對象才能認識事物，意識沒有對象，它就無從反映。兩者是缺一不可的。唯物辯證法說，先有物質，物質早在多少萬億年前就存在了。意識是物質長期發展的產物。沒有物質的發展，意識就不可能產生。這是唯物主義認為物質決定意識的一個原因；另一個讓唯物主義說物質決定意識的理由是在人認識事物的過程中，首先映入人的感覺是物質，沒有物質被反映，就不可能有知性概念，也不可能上升到理性的推理、判斷。而最終的知識——真理認識（理念），也要回到實踐中去檢驗是否正確。所以意識始終是圍繞著物質轉，物質起主導作用，固說物質決定意識。現在我們來看看，在認識的過程中，物質是否一直在起主導作用呢？

物質的表象首先被我們的感覺所吸收，形成感性認識。康德稱感性認識是直觀的，是諸多的雜感，感性認識是零碎的、單個的印象，不能形成概念。由感性上升到知性，知性認識具有連結、綜合、統一的能力，它把零碎繁多的雜感表象連結、綜合、統一起來，形成概念，這是知性認識。這個知性很重要，它是知識的橋樑，沒有知性的連結，進行綜合統一，人就只能停留在感性的階段，只有繁多、零碎的雜感，無法形成概念。有了知性將事物的表象連結綜合起來了後，才能形成了概念。但認識並沒有完成，還要上升到理性認識，唯物辯證法稱之為推理、判斷，從而得到了理念。從感性到知性，再上升到理性，這就完成了一個認識過程。按照康德的理論，知性是自然的立法者。人的知識是由知性產生的，而理性是理念、理想的生產者。但唯物辯證法既忽略了「知性」這個階段，他們從感性認識就跳升到理性認識。這個有意的忽略，就是要為唯物營造一個主導地位。因為感性的質料，基本上是物質的（表象），那麼理性的思考，是以感性的質料為前提的，固此他們就將唯物主義立於不敗之地。如果中間加入一個「知性」，那就不是物質決定意識了。請看：

感性（物質的）→知性（意識的）→理性（意識的），從這個認識過程來看，感性決定（主導）知性，知性決定（主導）理性。知性階段是物質決定意識，但到了理性階段則是意識決定意識。如果說感性帶有濃厚的物質性（表象），那麼到了知性階段物質的特性則進一步減弱，這種連結、綜合的統一（概念），是屬於意識的活動；而到了理性階段，就是意識對意識的活動了。因為知性是意識的活動，而理性又是根據知性認識的活動。這兩者都是意識的活動，我稱之為「意識決定意識」的活動。理性的理念、理想，它與感性的質料沒有直接的關係，而是與知性的概念有關係。理念是從諸多知性概念得出的總概念。這個理性意識，是由知性意識所決定的，並非是物質所決定的。康德認為理性理念與感性直觀無直接的關係，只與知性的概念有關係。康德說：

理性對於對象絕無直接的關係，而只是對知性有關係。它只是通過知性才有它自己（特定的）經驗性使用。所以理性並不創造（對象的）概念，而只安排它們，並且給它們以統一性。[1]

這樣看來，理性意識，不是由物質決定的，而是由知性意識所決定的。

我們從唯物辯證法的實踐論亦可反證此一說法。唯物辯證法說，思維上升到理性認識後，雖然完成了一個認識過程，但是否正確，還要放回到實踐中去檢驗，這就是說理性認識不一定是合符事物的本質，理性認識也會有錯誤的認識。錯誤的認識當然不是對事物本質的認識，或說沒有抓住事物的本質。這就說明意識有時會離開物質的特性而存在，它不一定是由物質所決定的。這樣看來，我們理性判斷、推理出來的理念、概念，就不一定是物質所決定的，是意識的作用所造成的。是理性的推理、判斷不正確才造成此錯誤的。這樣，我們就不能說物質決定意識了，而是知性意識和理性意識之間所造成的錯誤，這個錯誤，我們應歸之為意識決定意識的錯誤。我們從唯物主義辯證法設置的真理論來看，更能證明這個一點。唯物辯證法設置真理有相對真理和絕對真理兩種，他們說相對真理是絕對真

1 康德，《純粹理性批判》，韋卓民譯，華中師範出版社，二〇〇〇年七月第二版，頁五六四。

理的一部份，相對真理不斷向絕對真理靠攏、邁進，最終達至絕對真理。但是前面我們列舉康德的「物自體不可知論」就說明沒有絕對真理。單就宇宙不可窮盡，你就不可能抵達絕對真理的彼岸，除非你承認上帝的存在，靠唯物是不可能的。就唯物主義的說法，他也承認認識無法抵達「絕對真理」的彼岸。固其也無法解決終極問題。物質的無限可分，連它的本質是甚麼，我們至今都無法把握，談何絕對真理？再加上時間、空間的無限性，你如何把握絕對的真理？故說，他們的相對真理，就是不完善的認識，這個不完善的認識，當然還沒有完全掌握物質的本質，那麼再推論下去，就是這個「不完善」認識，可能是意識的成份多了，或是物質的無可窮盡，造成了我們沒有徹底掌握「絕對真理」。這個責任，無論如何說，歸根到底都是由意識所造成的，是意識的本事不夠才有「相對真理」的出現。物質是不會錯的，它是客觀存在，錯的是意識。這樣說來，在我們還沒有掌握「絕對真理」之前（唯物辯證法告訴我們，永遠也掌握不了「絕對真理」），這個「相對真理」不都是由意識所決定的嗎？即使退一步來說，也是物質與意識兩者所產生的，並非唯物論者所言的「物質決定意識論」。唯物辯證法走入一個誤區，就是他忽視了人的意識功能：意識可以自我產生意識，意識是發展的。就是說，人有一種想像力，這個想像力是人理性的基礎，它要尋根問底，總想要達到一個絕對——一個絕對完善的目的論。康德已從正反兩個方面論述四個悖論，證明理性無法徹底解決這些問題。從康德這四個悖論我們看到，唯物主義的物質不可能決定意識，唯心主義的意識也不可能決定物質。有神論和無神論要想得到徹底的實證是不可能的。以此來看，一切都來自「我思」的東西，即意識決定意識的東西。

在這裏，我們談論物質與意識的關係時，不能不談康德的先驗論。人是如何認識事物的？為什麼人會有這個認識事物的能力？康德已把認識的範疇說清楚。人在驗前，事物的表象還沒有進入我們人的腦袋之前，我們人先天就有一套認識形式，這個認識範疇在我們人尚無經驗之前已存在，就是說，他先天就有這個形式。正如一台電腦，當我們沒有還打開電腦前，我們不能說電腦什麼都沒有，實際上它本身是有一套程式在那裏。我們不打開它，沒有輸入東西，它就沒有意識的顯現。以此來說，唯物主義說物質決定意識是說不通的。人腦若無這個先天的構造，沒有這個認識的先驗形式，這個物質與意識的關係是如何展現的我們就很難想像了。就康德的先驗論來說，物質的表象與意識起碼是平衡關係，不存在誰決定誰的問題。若以康德說「物自體不可知論」來說，不是物質決定意識。意識是由那個認識的先驗邏輯——「form」（形式）所決定的。如果說人沒有那個驗前的認識形式，人要怎麼認識事物是不可能的。就如我們常說的，石頭不能對事物進行概念，豬狗也不能對事物進行概念，而人既可以。為什麼？就是因為人有一個先天思維的構造——他是會思想的人類，他的頭腦有一套認識的程式。

此外，我們談論物質與意識關係的時候，要特別注意到一點是：當人的意識意向著對象去理性的時候，看上去是對象決定著這個意識，因為你要認識這個物，當然你的思要圍繞著這個物來思，所謂的「格物致知」，意識的意向就是要格這個物的。實際上意識的功能並非如此線性式，或說條件反射式去意識。有些認識，靠直觀就可以直接得到知性，如這張桌子是圓的，那張紙是紅色的。這種基本上用直觀就可以得到的知識我稱之為

「一般時真理」（另一章會談到），但有些認識，就要經過反覆的反思，才能認識這個事物。這個「反思」，其實就是意識對意識的作用，我思我的思。即我在我原有的思再思這個思。這就是意識作用於意識。當意識作用於意識時，物質在我這個主體中，是否佔主導地位呢？對象經過我的追憶，已經不是第一手資料，而是二手貨了。這個二手貨，不正是意識的嗎？這是我用我的意識來決定我的意識，而不是那個原初對象——物質。康德就認為，感性的表象與知性的概念有關，而與理性的理念無直接關係，理念是從知性諸多具體概念推理出來的總概念。可以說，理念是意識決定意識所形成的，並非物質的產物。另外，在認識的過程中，還有他人的意識影響、引導著我意識的意識等，都說明整個認識過程不一定是物質決定著意識。從人認識過程來看，馬克思他們說物質決定意識是錯誤的。

四、物質的運動和意識的運動

我們再從物質和意識是否都具有運動來看兩者的關係，到底是誰決定誰？唯物辯證法認為，物質是運動的，世界上除了運動的物質以外，什麼都沒有。他們不承認意識也是運動的。

假如我們在地球上巡行，確實看到世界的一切都在運動著——風吹動著樹葉在沙沙作響、草木迎著陽光雨露在不斷生長、鳥兒在樹上喳喳叫個不停、汽車在奔跑、人在不斷地恐叫……這一切的一切，難道我們還懷疑物質不是運動著的嗎？

但是，如果我們從整個宇宙來看，把宇宙作為一個統一體來看，我們就會發現，整個宇宙是靜止不變的。宇宙是永恆的，它恆常不變，它無邊無際，變動的只是在它體內的星際。我們舉一個圓球的例子，更能說明這個問題：一個圓球放在桌上，假設球裏面有螞蟻及其他動物在走動，但是我們看到的只是一個靜止的球在桌面上。球的整體是靜止不動的，動的是球裏面的螞蟻在走動。

從上例子給我們一個啟示：若我們跳出事物本身，給這個事物畫上一個圈圈（括號），再來觀察它，就是說，我們從局外來看物質，它本身是靜止不動的。如我們從太空中看地球，它是靜止不動的。地球表面上的運動，是相對的了。我們把這個思維視線一直延伸下去，到整個宇宙，然後你跳出這個宇宙，再來俯覽這個宇宙，會發生甚麼問題呢？在括號內的一切是靜止不動的。能言善辯的人啊，你面對著那茫茫的宇宙，那無邊無際的太空，那恆古不變的星際，我們的思維不是太貧乏了，我們的眼光不是太短淺了嗎？我們看不到宇宙的恆古，看不到宇宙這個永恆不變的定律。永恆不變的宇宙，難道有變化運動的物質嗎？不識廬山真面目，只緣身在此山中。

就唯物主義給物質的概念定義來看，物質的運動是相對的，靜止是絕對的。為甚麼這樣說呢？物質是客觀存在，無論如何變化，都是客觀存在，就是萬變不離其中，這就等於說沒有變化。物質就是物質，它是不變的。不變，就意味著沒有運動。

從物理學的觀點來看，物質也是不變的。物理學上有「物質不滅定律」。當我們用玻璃罩住一根火柴燃燒，火柴雖燃燒完了，但它的重量沒有變。這個小常識說明物質的分子發生變化，但組成物質的元素沒有變化，它又化合成新的分子。這就是物質的不滅定律。物質的元素就說明這點。科學家們發現，物質的元素最多不超過一百零五種。這就是說，無論物質如何變化，它是走不出這一百零五種元素。所謂的物質，就是這一百零五種東西組成的，是沒有甚麼變化的。變化只是對我們人的感知感覺而言。也就是由物質元素組成的分子變化。無變化的東西，還有運動嗎？運動只不過是我們人的感覺、知覺而已。

但從「物質無限可分論」來看，物質是否絕對運動的我們就不可知了。物質是無限可分的，物質到底是甚麼，人類至今尚無研究出它的基質、它的本源、它的第一動因是什麼？康德就有「物自體」不可知論。既然你唯物辯證法也承認物質的無限可分性，它到底是甚麼？我們還無法確定，怎麼可以武斷地說物質的運動是絕對的，靜止是相對的呢？這一說法太過於牽強、武斷了。

在空間、時間、物質以及我們人的意識之間關係作用下，就知識論範疇來看，物質的運動是相對的，靜止是絕對的；意識是運動的，並且意識的運動是先於物質的運動的：

第一，只有我們把物質的運動看作是相對的，我們才能認識事物，才能把握事物的本質。前面我們已分析過，若物質是不斷地運動、變化的，人就無法把握事物的本質，我們無法把握事物的本質，就無從談到認識事物。康德承認「物自體不可知」，但他把「物自體」放在一邊不管它，從而去認識事物。他的認識論實質上也是把物質的表象運動看作是相對靜止的，否則他的「主觀能動性」就不能發揮作用。我們認識事物，只有把對象釘死在某一時間、空間上，在這一時空，它是不變的，而在那一時空，它變化了。從而我們尋找出事物變化的因果律，這個事物就被我們所認識了。實際上以經驗實證論來看，物質的變化只是相對的，靜止是絕對的。因為認識後的對象，萬變不離其中，它是有因果律可循的，否則人在物質世界中就無所適從了。這個前因後果的實證，是人的內感官把表象的出現將時間分割為前後若干部分，時間本身是沒有間斷的，我們之所以說時間有起始、繼續、終結，都是意識的作用。對對象作空間的位置，也是意識的作用。意識只有把物質表象視為相對的運動，我們才能把握對象，如果是絕對的運動，我們人如何認識它呢？人的意識只有超越表象的運動，才能給予對象以概念。如一個輪子運動過快，我們根本看不清它是什麼，我們就不知道它是一個輪子。出現要有一定的量，認識才有可能。就是說，意識一定要把這個東西表現的運動量掌握了，把它放在一個括號裏來審視它，才有能力認識它。以此來說，意識的運動，是超越被認識物的運動的。

第二，如果我們把物質的運動視作是絕對的，就無從談論認識論的根據律，理性經驗就無法成立。列寧特別反對經驗主義，也是出於他們只承認物質是唯一的運動者。世界只有物質在運動，人的思維（意識）沒有運動，如何去認識事物？它在變，你不變；它已跑了十萬八千里，你既在原地不動，你能抓住它嗎？人的意識只有把對象認作不變時，才算是把握對象的本質。就此而言，我們只有在把物質當絕對靜止、沒有運動時，才可能宣稱「世界是物質的」。如果我們的意識還沒有抓住物質的本質，物質在不停地運動變化，我們說世界是物質的就不實際了。這個「物質」就成為某些作摸不定的東西的代名詞。

第三，把物質的運動視為相對的，有利於人生對價值的判斷，也就是尼采所說的「估價」。如果物質是絕對的運動，一切都是流動的，人如何把握絕對真理？理性的絕對理念——上帝、意志自由、靈魂不死等人類賴以生存希望的支柱就成為泡影。唯物辯證法把活生生的，運動著的意識讓位給無法求證的物質，是一個非常愚蠢的觀念。如馬克思他們把實現共產主義為最高理想，如果真的能實現了，人又有什麼幸福呢？一切都是物質的，世界除了運動著的物質外，什麼都沒有，人生毫無意義。

第四，如果以康德對時間、空間的觀點來看，則物質的運動是相對的而不是絕對的。康德認為時間、空間是感性的直觀形式，而不是唯物論者說的時間跟空間是物質存在的形式。康德認為空間不表現物自體的性質，也不表現物自體互相關係。這樣說來，物質是不是運動的我們就無法確定了。我們看到的只是表象的運動。而康德認為時間是內感官的直觀形式，沒有內感，時間也就消失了，所以變化也是相對於人感知而說的。

此外，唯物辨法法把物質的運動分為五種基本形態：一、客體在空間中的位置變動；二、波和粒子的運動；三、原子的化合和分解運動；四、有機體的運動；五、社會運動。這五種運動形態是否包括了所有物質運動的形式？在此且不置評，問題是唯物辯證法認為物質是既不能被創造，也不能被消滅的，說這是物質運動的守恆性。這個說法，等於承認物質是不變的。不變的東西又有運動，那麼這個運動意味著甚麼呢？這種運動就是一種運轉，它永遠是那不變的物質運轉，我們說「運動就是變化」，而這個運動的基質是不變的，這就等於說物質沒有運動。也可以叫做「旋轉」。一個守恆不變的物質，又有其運動，而運動又意味著變化，這不是自相矛盾嗎？再說，唯物辯證法憑什麼說物質的運動是五種形態而不是七種八種或兩三種呢？這個五種形態的斷定不也是意識的結果嗎？是意識給這些運動劃括號的。因為物質的運動不會停止，那未來的運動是什麼我們就不能妄下結論？顯然馬克思他們是用理性的推斷得出來的結論，這點是不符合物質決定論的。

從老子的「道」來看人生「沒身不殆」[1]的永生觀，則人是可以溶入這個宇宙運動的。他感悟到與宇宙、自然一起運轉，容為一體，才能「沒身不殆」。固說，運動既有「道」，那麼這個〈道〉是不會變化的。若變化，人就無法把握，無法把握，就得不到永生。在論及理性以後，我們再加以論述。

1 《道德經》第五十二章，頁二七一。

五、時間與空間

有關物質的運動和意識的運動，必然要涉及時間、空間的問題，很多哲學家對時空的看法，已作過很多論述。是否有時間、空間？時間、空間是否是客觀實在，抑或是意識的形式？這是關係到認識論周延的問題。不同的時空觀念，將導致認識的方法同異以及世界觀的不同。康德認為，時間是人類在接受對象的內感（感性）形式；空間是外感直觀形式。以康德的意思，時間、空間不是客觀實在，只是人的感覺直觀形式而已。康德的結論是：「一、空間並不表現物自身之性質，且不表現物自身之相互關係。二、空間實僅外感所有一切現象之方式。」[1]「時間非自身存在之事物，亦非屬於事物為一客觀的規定，故當抽去其直觀之一切主觀條件，則並無時間留存。」[2]

齊良驥先生論康德也指出康德這個對時空的看法。「空間、時間不是

1 康德，《純粹理性批判》，台灣仰哲出版社，民國七十六年九月版，頁五五。

2 康德，《純粹理性批判》，台灣仰哲出版社，民國七十六年九月版，頁五九。

客觀的屬於事物本身的性質，不是事物本身存在的形式，而是人類在接受對象（感性的作用僅僅是接受對象）時感性自身所必然運用的形式，它們是人的感性固有的條件。所謂萬物莫不在空間時間之中，實際上是一切感覺到的對象莫不在空間時間之中，因為空間、時間正是萬物可能成為人類感覺到的對象的必要條件。」[3]

唯物辯證法對空間、時間的看法則與康德相反。他們認為空間、時間有其客觀實在性，是物質運動的形式。列寧說：「世界上除了運動著的物質，什麼也沒有，而運動著的物質只有在空間和時間之內才能運動。」[4]

恩格斯說得更絕，他說：「一切存在的基本形式是空間和時間，時間以外的存在和空間以外的存在，同樣是非常荒誕的事情。」[5]

我們通過康德的時空觀與唯物辯證法的時空觀比較，就看出一些問題。列寧說世界只有運動著的物質，什麼也沒有，但他又說物質只有在時空內才能運動。我們反問一句：「有時間和空間嗎？」答案既然有，沒有時間、空間，物質如何運動呢？如果說有，那麼列寧說除運動的物質外，什麼也沒有就錯了。起碼這個世界除物質外，還有時間、空間的存在呀。

3 齊良驥，〈康德〉，《西方著名哲學家評傳》第六卷，山東人民出版社，一九八四年十二月第一版，頁二六。

4 列寧，〈唯物主義和經驗批判主義〉，《列寧全集》第十四卷，頁一七九。

5 恩格斯，〈反杜林論〉，《馬克思恩格斯選集》第三卷，頁九一。

雖然空間空空如也，但如果它沒有「空」，那物又往哪裏放呢？在辯證的意義上說，「空」也是有。又如時間無始無終，我們找不到它的源頭，找不到它的終端。但物質一有運動，時間就有始有終了。沒有時間，就沒有物質的運動。唯物辯證法既然承認時空的客觀實在性，就不應該只唯物，還要唯空間，唯時間。我們且不說沒有意識，物質根本表現不出其價值和意義。就說若沒有空間、時間，有物質的存在也是難以令人想像的。為什麼唯物辯證法說時空是客觀實在，既把它們說是物質運動的形式，而不賦予它們內容？有關時空給我們人類的內容多得不得了，海德格（Martin Heidegger，1889-1976）的《存在與時間》，對時間有精闢的論述，在此不再多述。如果承認時空有實在性，其有內容也是正當的，但唯物主義只賦予它們形式而無內容，說明白點就是給物質唯一的名份：世界是物質的，存在就是物質，再沒有其他存在。我們以唯物主義的觀點來發問：時間、空間是客觀實在，「實在」是不是存在著的呢？至此，唯物主義已陷入一個悖論。我以為康德處理空間、時間的觀念是妥當的。唯物辯證法口口聲聲反對康德的二元論哲學，實際上他們看不到康德的深邃：要在四大悖論的情況下，使人類的認識論達到周延，非二元論不可。空間、時間是無限的，我們如何認識事物，做到「心物相印」？因果律是認識事物的經驗之談，只有在康德的時空觀念下，因果律才是周延的。我們認識事物，一定要將事物的發生（時間的起點）、經過（時間的續起）、結果（時間的終結）搞清楚，這個原因、後果都在我們的意識下進行的。時間本身是沒有間斷性的，空間也是這樣，它是連綿不斷的，間斷性是我們的意識所為。就是說，事物的發生前因後果都是意識的作為，是意識將此畫分的。彼時此刻，空間的位置都是我們人意識的畫分。唯物辯證法也承認，我們在認識事物時，把事物視為相對靜止才能認識它，就是說，它在一定的時空內是不變的，否則我們就不能認識事物。這個將表象放在時空的括號裏來考究的是意識，是意識將時間間斷，將空間定位。在認識論上來說，時空是意識的形式。我們說時間過得真快，時間過得真慢，或是這個空間真大，這個空間真小，都是意識的作用。至於時空是否如唯物主義所說的有其客觀實在性？我們要看是否能說得通。由於時間、空間的無限，若在我們的感性直觀中除去所有表象，內感無一表象所存留，則時間、空間即消失。

再說我們根本無法推出宇宙生成極其終極的原因和結果。物質是如何來的？它又終於何方？起始及終極無法在時空中找到絕對，這就是康德所說的「物自體不可知」，他將我們人認識的東西稱為表象。叔本華〈論充足根據律的四重根——生成的充足根據律〉一文攻擊黑格爾說黑氏是個低能的冒牌哲學家，有一條罪狀就是第一因——黑格爾的「絕對」說。[6]

因時間、空間的無限性，認識的因果鍊是無窮止的，一個原因一個原因推下去，根本推不出一個「絕對」來。即找不到宇宙生成的第一因。黑格爾不顧自康德的《純粹理性批判》問世以來的這些哲學常識，天馬橫空，從無到有，搞了個「絕對」說，根本說不通。馬克思的唯物主義者們批判唯心主義者說，唯心主義否認時空的實在性，否認時空是物質唯一存在的形式，就是要為上帝安放一個位置。就是說，時空以外有一個萬能的上帝存在。宇宙中的一切，都是上帝在背後推動的。但你唯物主義否認上帝的存在，你又不能窮盡時空宇宙的無限性，這不等於自打嘴巴——不能窮盡，就有未知，有未知，你就不能妄下結論說世界是物質的。恩格斯稱時空以外的存在是非常荒誕的事情，其實，唯物主義在還沒有窮盡時空、

6 叔本華，《叔本華文集・悲觀論集卷》，青海人民出版社，一九九六年九月第一版，頁三一四—三三〇。

物質、宇宙世界時，就宣佈世界是物質的，這也是非常荒誕的事情。我們不能對未知的宇宙世界下結論說：「世界是物質的，除此之外什麼都沒有。」這不是獨斷論嗎？

實際上，唯物主義說時空是客觀實在也好，康德說是意識的形式也好，時空在認識範疇來說也是辯證的。意識必有時空觀念，意識是在時空中運行的。因意識不可能離開物質表象世界而存在，因此物質表象世界也在時空中。

此外，西方哲人把時間視為線性式的，它前後申續，過去—現在—將來，兩頭都不可窮盡。而中國古代的哲人則視時間是圓形式的，所謂的「周而復始」是中國人的時間觀念，時間是輪迴的，十二為一輪，一天為十二小時一個自轉；一年十二個月為一個輪迴，人的十二生肖也是一個輪迴。中國人這種時間觀念，並沒有追根問底的時間觀，何時始？何時終？如果以中國人對時間的圓融觀來看，任何一點都可以作為開始，任何一點都可以作為終結。中國人視人生也是輪迴的，死後多少年又是一條好漢，人死後可以輪迴投胎再生，六十為一甲子。這正好反映中國人的時間觀。

而中國人對空間的觀念與西方也不同。西方的空間是無限的擴延，宇宙是無限的；而中國人認為天雖是無極的，但是有一個軸心叫做太極。人一旦覺悟到太極，心與太極相通，則成就天人合一了。

在認識論的範疇來說，空間、時間是意識存在的形式，所謂人生無法逃離天地之間，實際上就是人生無法逃離時間、空間這個形式。但當我們在通往天人合一之路上，「為道日損，損之又損，以至於無為」[7]後，人就沒有了意識，時空就消失了，為道是沒有時空觀念的，有時空，則人不可能「沒身不殆」。後面論述到人的慧覺時，將進一步闡述。如果我們將空間、時間視為客觀實在，人就無法擺脫空間、時間的束縛，就不可能抵達老子說的「沒身不殆」。人在時、空客觀性的運作下，只能是「死亡是人生的最後歸宿」。

7 《道德經》第四十八章，頁二七〇。

六、意識反作用於意識

在我們批判唯物主義認識諸形式中，我們就發現，在認識過程中，意識是可以產生意識的。也就是說，意識可以再生意識。康德將這個意識的再生歸之為「再生的想像力」，他說：「此再生的想像力之綜合乃全然從屬經驗的法則，即所謂聯想律者。」[1]這種意識的再生，康德將之歸為心理學領域，而不屬於他的先驗哲學領域。也就是說，意識的再生，是以前意識為基礎的。即所謂的「意識反作用」。中國傳統的馬克思主義者，將馬克思的「意識反作用」看得很有意義，認為是馬克思唯物辯證法的精髓。他強調人類意識的能動性，人不僅能認識世界，而且可以改造世界。其實馬克思這個意識反作用是有限的，他只是對物質的反作用。但人的意識不僅對物質有反作用，意識對意識亦有反作用——反思，或叫「思想的思想」；另一個意識對意識的作用是他人的意識對你意識的作用。

1 康德，《純粹理性批判》，台灣仰哲出版社，民國七十六年九月版，頁一一六—一一七。

人的意識是個很奇妙的東西。在世界的動物中，唯有人能有此意識（理性）。而意識這東西，它不單在感覺上有一個意識，而且能在一個意識後再產生意識——即意識再作用於意識。康德在論述其「知性」時，提到知性有連結、綜合、統一感性質料的能力，這個能力康德稱為想像力；而再生想像力就是意識反作用於意識的的能力。還有由知性概念上昇為理性的推理、判斷能力，我亦稱之為意識再生意識能力。知性概念（意識的）再產生理性概念（也是意識的）。

意識是能動的，在人類的思維活動中，意識可以對物質的再思考—反作用於物質。但它也可以意識再生意識，意識作用意識。即意識對意識的反作用。

我們來看中國傳統儒家文化，最具意識反作用於意識的特徵。孔子的「仁」學核心，就是「反諸求己」，自我反思，所謂的「修心養性」，以求到達最高的「仁人」境界。這個「自我反思」，就是從他原有的思想再進行思想。可以說孔夫子在「十有五而志於學」時期是物質作用於意識，「學」就是認識事物，意識反作用於物質，叫做「格物致知」。而孔夫子到了「三十而立」後，就是意識反作用於意識時期。他更多的是反省自己。用自己學到的知識，反省自己的思想行為，人不僅有反省自己行為的能力，還有反省自己思想的能力。馮友蘭在他的《中國哲學簡史》借用亞里士多德的話說哲學就是「思想的思想」[2]。思想的思想就是意識反作用於意識，是意識與意識的活動，並非意識對物質的活動。

我們來看看馬克思主義的唯物辯證法：物質作用於意識，意識反作用物質。用毛澤東的話是「認識—實踐—再認識—再實踐」（《毛澤東選集・實踐論》），它是緊緊地與物質聯繫在一起的，意識離不開物質而活動。這種理論是形而下的，頂多是思維的第一個抽象活動，並沒有第二個抽象，是一種物理科學實驗論。它的意識反作用也在於物質，即認識物質世界，改造物質世界。並沒有對人的反省，特別是人的自我反省。德國哲學家朗格（Friedrich Albert Lange，1828-1875）在其《唯物論史》說唯物論是「哲學上一個最初的、最低下的、但相對說來也是最堅固的階段」。他並認為「唯物論可以是自然科學研究的優良公理，但「已不再是哲學了」「因為唯物論與人類自由精神的最高機能沒有關係，且不說它在理論上的

2 馮友蘭，《中國哲學簡史》，北京大學出版社，一九八五年二月第一版，頁五。

缺陷，也應說它缺乏振奮力，它欣然以所與的世界為滿足，而忽視人類的理想，它對於藝術、宗教和詩歌沒有幫助，它在人與人的關係上傾向於利己主義。」[3]

現在我們可以看出列寧為什麼拚命反對形而上學，因為一說到形而上學的思考，唯物論就不靈光了。它無法解決人類諸如藝術、宗教、靈魂、情感以及倫理道德等問題。我們看到，唯物辯證法是一門認識事物的科學理論，但不是對人進行反思、關涉人類精神文明的哲學。它是形而下的，不是形而上的。有關這一點，列寧的表現最為清楚，他拚命反對形而上學，視形而上學為「唯物辯證法」的死敵。然而，哲學上不講形而上學，不講「思想的思想」，這種哲學未免太庸俗了、太市儈了。哲學，什麼是哲學？儘管歷代的哲學家對此有不同的理解，概念不盡相同。有的說是關於人類自身思維的學問；有的說是關於世界觀的學問；有的說是探索宇宙世界奧秘本源的學問等等，不盡言說。但我覺得，中國哲學家金岳霖先生說的一句話最為中肯，他說：「哲學……此所以它是以通為目標的學問，不是以真為目標的學問，它不是科學。」[4]

3 翁熙，〈朗格〉，《西方著名哲學家評傳》第八卷，山東人民出版社，一九八六年四月第一版，頁八三—八四。

4 金岳霖，《知識論》，商務印書館，一九八三年十一月第一版，頁一五。

金先生一語道破唯物辯證法哲學的性質，哲學是以通為目標的學問。唯物辯證法一味強調物質的第一性，強調客觀存在，唯物是問，它是以求真為目標的學問，是一門科學，但不是哲學。馮友蘭先生也說過：「哲學，尤其是形而上學，若是試圖給予實際的信息，就會變成廢話。」[5]

我們試舉一個中國上個世紀六十年代末農民學哲學的例子，最能說明唯物辯證法所謂的「意識反作用」了。這個例子叫〈一塊石頭打開哲學的大門〉，這是我讀初中時的一篇課文。

一個唯物論哲學教師在他的課堂上放著一塊石頭，他問農民學子：「這是什麼？」農民們答：「這是石頭。」教師進一步說：「對，這就是物質，在沒有你我之前，它就實實在在存在於我們的後山上，這是客觀存在。客觀存在是第一性的。然後它被我們發現，我們的意識作用於它，我們認識到石頭堅硬，有重量等性質。我們掌握了石頭這個事物的本質，然後我們利用石頭去切墻蓋房子，供我們人類居住。」這就是物質決定意識，意識反作用於物質的唯物辯證法的一個完整辯證過程。

馬克思主義的唯物辯證法，他們得意的不是「唯物」，因為在馬克

5 馮友蘭，《中國哲學簡史》，北京大學出版社，一九八五年二月第一版，頁七—八。

思之前，唯物主義者對物質早就有大量的、完整的理論論述，他們得意的是：「意識對物質的反作用」。這就是馬克思宣稱不僅要認識世界，而且要改造世界豪言壯語背後的理論。但人類的意識活動，是否就是「物質決定意識，意識反作用於物質」這一線性理論來走呢？我們下面舉一個思維活動的例子：

自然界產生各種怪現象（姑且稱為物質的顯現）——人從這些現象中產生鬼怪、或說惡魔的思想（意識的）——人為了戰勝鬼怪惡魔，又從這些意識中產生神的思想（又是意識的）。從這一系列的思維中，我們看到，除第一階段是物質的外，第二和第三階段都是意識的。也就是說，這個「神」的意識，是從「鬼怪惡魔」這個意識的反思上產生的。這就是意識產生意識。也許唯物論者會說，這個鬼怪惡魔，它的原初顯現現象就是物質的，固說這個「神」的意識，就是意識對物質反作用的一個產物。這個說法，貌似真確，但從決定論來看，這個「神」並非物質所決定的，而是意識所決定產生的，祂是從鬼怪這個意識上再生的，雖然祂原初的思想根源有物質的成份。但我們不能從追尋物質的根源，就認定是物質決定的產物。很明顯，最後的這個意識——「神」是從第二個意識——「鬼怪惡魔」上產生的。我們再舉一個例子，對此問題就更明瞭了。我們說，張三的父親是由張三的老祖宗——祖父和祖母所決定的，張三的父親是由他的父母親（祖父、祖母）所生的；而張三是由他的父母親所決定的——由他的父母所生的。我們總不能說，張三是由他的老祖宗——祖父、祖母所決定的吧？唯物主義的觀點思維方式是：沒有張三的老祖宗：祖父和祖母，就沒有張三父親的存在，沒有張三父親的存在，就不可能有張三的存在。因此，張三是由他的老祖宗決定的。張三這個人來到世上，明明是張三父母親的產物，怎麼會變成是由他的老祖宗所決定的呢？這種思維方式，正是唯物主義「物質決定意識」所賴以的根據律。唯物辯證法的辯證過程是這樣的：物質首先被我們的感覺所感知，這叫感性認識，然後由感性認識上昇到概念、判斷、推理的理性認識，從而完成一個認識過程。唯物辯證法錯把源初性的東西當作決定論，把源頭顯象當作是主導意識一切活動的決定因素，這對人生的價值來說，是一種貶值，而其將意識的反思也僅侷限於「對物質的反作用」而未提及意識對意識的反作用，未免太過武斷和流於膚淺，其對意識的功能是有失偏頗的。

唯物辯證法堅持「唯物」，首先是說沒有物質的存在，意識就無從反映。如上面所說的石頭，它的體積型狀、重量、堅硬等性質是它的客觀存在，感覺只能去反映它，沒有物質的存在，意識就無從反映，而意識要抓住事物的本質，也只能按照事物的特性去概念、推理、判斷。整個過程都是物質在起著決定性的作用，而最後檢驗這個認識是否正確，還要回到物質中去檢驗。固「唯物」是正確的。

這是唯物主義從物質的角度來看問題的，但我們反過來以意識的角度來看，在認識事物過程中，就很難說物質一直在起著主導、決定性的作用。

為了更進一步了解誰決定誰的問題，我們首先明確「決定」的定義。所謂「決定」，就是主導的意思。但我們看到，我們在認識事物的過程中，不是都由物質所主導的。有時物質佔主導地位，有時意識佔主導地位。總的辯證過程來說，是誰也離不開誰，兩者是相輔相成的。你要認識，總要有對象，這對象就是物質（物質的表象），這世界再沒有其他可供意識所認識的對象（這是以唯物主義來講，當然還有意識認識—反思等認識對象）；而物質只有人的意識所反映它，物質才顯現出這個豐富多彩的表象世界。這兩者都是唯一的：世界是由物質構成的，而意識（理性）只有人所特有，我們再也找不到第三者加入這個辯證的行列。這兩者的唯一，就構成一個矛盾兩個方面，誰也離不開誰，誰也決定不了誰。只是在認識過程中互相轉換。在「格物致知」的認識過程，是矛盾的互相轉換，互相對立，最後達致統一。

但我們從康德的認識論來看，則意識是起主導作用的。康德的認識論分為三個階段：感性、知性和理性。馬克思主義的唯物辯證法對康德的感性和理性理解並沒有什麼不同，而是他們將中間階段的「知性」省去了。康德的先驗觀念論，認為時空是感性直觀的形式，知性具有將感性得來的零碎、雜多與料進行連結、綜合、統一的功能。沒有知性概念，不可能得出理性的理念。康德將純粹理性的理想說得更遠，他說：「經驗概念不過具體之悟性（知性）概念而已，但理念之離客觀的實在則較之範疇更遠，蓋以不能見有『理念在其中能具體的表現』之現象……，但我所名為理想者則似較之理念去客觀的實在更遠。」[6]就是說，知性概念與客觀實在有密

6 康德，《純粹理性批判》，台北仰哲出版社，民國七十六年九月版，頁四二八—四二九。

切關係，理念則較遠之，理想更遠之。這就證明客觀實在不可能是理念、理想的決定因素，它不可能是主導、決定理念、理想的條件。上面我們已提到過，唯物辯證法在認識論中沒有「知性」，是為了給「唯物」贏得地位。若在認識論中有「知性」的話，這就得出如下結論：

物質決定——感性（物質的）；
感性決定——知性（意識的）；
知性決定——理性（意識的）。

我們從上式子看到，理性是從知性上產生的。也就是說，是意識決定意識，理性是在前意識（知性）上所產生的。這就是意識再生意識。

馬列主義的唯物辯證法，因為「唯物」，已將自己置於一個兩難的悖論之中：一方面它需要與意識進行辯證，不得不承認有意識的存在，另一方面它要唯物，又不得不否定意識。後世的馬克思主義者也知道這個難題，干脆用「意識也是物質的屬性」來搪塞。他們說，你們看，人類用來思維的大腦也是由物質構成的，如果人死了，他的思維就停止了，這說明意識就是物質的屬性。但我們反問，既然意識是物質的屬性，就沒有辯證的理由和必要，同屬一類的東西，就沒有必要作互相對立的辯證關係。你說「物質決定意識」，因為你把意識從屬於物質的地位，這是說得過去的；但你又說「意識反作用於物質」，這句話明擺著就沒有「意識是物質的屬性」的意思，而是兩個不同的隸屬關係，是兩個不同概念的辯證關係。馬克思主義的辯證法，其精髓也在於「意識反作用於物質」。在這裏，他們明顯地把意識與物質割裂對立起來，意識在這裏又不是物質的屬性了。羅素說：「悖論是由某種惡性循環產生出來的。只要假定『一堆事物中容許包含只能用整個一堆事物來下定義的成員』就會產生惡性循環。」[7]看來，馬列主義在其辯證法前冠上「唯物」，就使其產生這種惡性循環。唯物主義一直無法解釋天才，也不敢作形而上學的辯論。只能在物質形態上打圈圈，作一般低意識水平的形而下辯論，其原因大概來自於此。

唯物辯證法在論述認識事物的過程中，也承認把事物看成是相對靜止的，不變的。否則人的意識就無法把握事物，抓不住事物的本質。但奇

7 《西方著名哲學家評傳》第八卷，山東人民出版社出版，一九八五年版，頁四五七。

怪的是，既然事物相對靜止和不變的，那麼思維意識相對於物質來說就是運動和發展的。但唯物辯證法又不承認意識是運動和發展的。如果他們承認意識是運動和發展的，就得承認意識的活躍性和主動性，也就是說，意識可以再生意識。這樣就不是物質主導著意識了，有可能是意識主導著物質了，上面所說的意識把物質看成是相對靜止和不變的情況來看，此一時的意識就佔主導的作用。若承認意識是運動和發展的，意識在物質現象相對靜止時，意識不斷地產生意識來考察它、探究它、審視它（即概念、推理、判斷），此時的意識是活躍的、主動的。他不時地產生連結、綜合、統一、進行概念、推理、判斷等，什麼叫「把握」和「抓住」認識的對象呢？就是對象束手就擒，動彈不得。相對於靜止的物質現象，意識就是運動和發展的。最起碼來說，他是與物質平起平坐的。你物質有運動和發展，我意識也有運動和發展，兩者根本沒有誰決定誰的問題。毛澤東在他的《認識論》上也說：「認識—實踐—再認識—再實踐，直至無窮。」在這裏我們反問一句：「如果意識不是運動著的，怎麼再認識呢？」沒有理由說，你物質不斷運動，我意識靜待在那裏，就可以把握和抓住事物的本質了。大家要知道，唯物辯證法是不承認意識是運動和發展的，只有物質才有運動和發展。這樣，你意識如何反作用呢？從這裏我們看出所謂的「意識反作用」，其實就是意識對意識的作用。雖然他的這個反思是指向所認識的物質，但這個反思是兩個意識之間的活動，是我思的思。凡經驗性的再思，都可以稱為「意識對意識的作用」。

伴隨以上所謂物質的運動和變化問題，唯物辯證法說「存在決定意識」，他們的存在，指的就是物質，物質是唯一的存在。而這句話的含義就否定意識的存在，即意識不是存在。以此來推論，意識只能是虛無了。虛無的東西（若以唯物辯證法物質是唯一的存在來說，意識還不夠稱為「東西」）如何反作用於存在的物質？我們縱觀黑格爾的辯證法，其辯來辯去，達到所謂的最後統一，其實就是形而上的意中之意。也即意識作用意識的辯證。沒有意中之意來包含全體，辯證不可能得到圓滿。馬克思根本就不懂得辯證法的精髓，將他的唯物主義冠上辯證法的冠冕，這就是中國人說的「張冠李戴」，其謬誤可見一斑了。

意識再生意識，從心理學上來說，是有其根據的。從歷代的哲學家對意識分析研究我們發現，意識的存在有四種形態：吸收、儲存、加工、創造。

吸收意識：吸收即人感官對外界現象的攝取。它將外部世界的現象通過自身的感覺神經系統吸收到大腦中，這是人獲得知識的第一步。吸收意識也就是原初意識，也可叫感覺意識。

儲存意識：人的大腦，肯定有一個儲存機構，如果沒有一個儲存機構，我們感覺所得的與料就會如眼過雲煙，瞬即消失。我們所得到的意識不可能再現，經驗之談就無從說起。這個儲存工作，就是我們通常所說的記憶。記憶在人來說有強弱之分，即人們說你的記憶力很強或說你的記憶力很差的意思。意識的儲存，與感性經驗有關，所謂的見多識廣；與記憶力強弱有關，即人的聰明程度有關。儲存意識對加工意識和創造意識有很大的影響。

加工意識：即對儲存意識進行連結、綜合、改造。這個加工意識，有點類似康德的「知性」，但又不完全是，它有改造的成份。比如我知覺這是一張桌子，我只要將吸收得來「四條腿或三條腿，支撐著一個平面板」的直觀意識就夠了，並不需要我吸收到的「這張桌子是紅色的還是綠色的」與料來表現。所謂的「加工」，不僅有對感覺與料進行連結、綜合的功能，而且有對與料取捨、增減的能力。這個加工意識，有其意識的意向性。加工意識，有「想像力」參與其中。例如，我們中國人叫海豹的動物，德國人叫海狗（Seehund），這個命名不同，滲有想像力的成份，中國人認為這種動物像豹，而德國人認為像狗，想像力的類比差別。

人是有想像力的，他可以將一枚樹葉想像成一個球場那麼大，也可以將世界縮小到他的心中。他也可能將這張樹葉想像成是一幅畫，或是一個有情有意的相思品。也就是說，意識對存在有任意發揮的主動性、誇張性或變態性。我們發現，人腦這個思維工具，並不像一部機器，給多少材料就產生多少產品。加工意識在感覺（吸收到的與料）給予後，會加工出比與料更多的產品。那些科幻作家，寫出一本本無現實的小說，靠的是想像力。又如我們認識阿拉伯字0到9後，我們可以將它們組合變幻為很多不同的複合數。當然，這個想像力一定有客觀存在與料參與，沒有客觀存在的表象，空無一物，意識也就無從生成。但他有了一定的與料後，意識就可以再生意識。人們常說，某某人的想像力非常豐富，某某人則缺乏想像力。這說明意識的再生，是因人而別的；它也與人吸收到的與料有關係。正是這樣，我們無法測定多少前意識，可以再生多少新意識？但可以肯定的是，儲存意識越多，再生產的意識就越多、越豐富，這是毫無疑問的。一個成年人的意識比一個孩童多，就是他的經歷多，儲存的意識多，他的再生意識也多。這個意識的特性，有很多哲學家曾經指出過。據法國哲學家薩特（Jean-Paul Sartre，1905-1980）的說法，意識是「自為的存在」。由於這個「自為」，意識是可以產生意識的，康德也就想像力問題，指出過意識的再生性，他的知性意識，是靠想像力來連結、綜合、統一感性與料的。

創造意識：他將加工得來的意識進行推理、判斷，然後創造出新的概念、理念。由於這個概念、理念是由儲存意識和加工意識而再造意識（即我們用我們頭腦中原有的意識再進一步創造的意識），它不是由某一具體物，具體的現象所構成的。它與加工意識不同，加工意識有事物的原型。我們不能指出，這一理念是由某某具體事物，某一具體現象的所組成的理念。它是由諸意識概念的再創造。

這裏我要特別指出，我之所以用「創造意識」這個新名詞而不用「理性」，是我認為「理性」並不是很理性。理性概念顯然是用邏輯形式推理、判斷出來的。它有它的道理在，但它是意識再創造性的東西，依康德的說法，理念、理想是遠離客觀實在的，它不是能實證的具體概念，不能實證，我們能說這東西很理性嗎？無神論者與有神論者爭論時，常質問有神論者說，你說有上帝，你證明出我看，祂在哪裏？祂長得如何？這就是康德四大悖論所說理性無法信任的負荷。我們看到，這個「理性」雖然依照事物的「條理」與概念去進行思考、推理、判斷，但由於加工意識有其再生性，理性又在再生性意識上來完成其理念、概念，這就很難做到完全的「理性」。我將「理性」意識概括為「創造性意識」，是想將一些不是很理性的再生意識囊括進去。

我們再以唯物辯證法對理性的說法為例，對這個創造性意識會有更深一層的認識。唯物辯證法說「理性認識」是對事物本質的認識，但對於「理性的錯誤」既無明確的闡述。人為什麼在對一個事物進行推理、判斷後，得出的不是真理，而是謬誤呢？如果是謬誤，那麼這個「理性」就抓不住事物的本質，就不是對事物本質的認識。我們以此一「謬誤」來對物質與意識進行辯證，我們就會看到：真理就是意識與物質相吻合，意識反映了物質的本質，按唯物論的說法即觀念（理論）與實踐相符，謬誤則反之。如此我們就看到：真理的顯現，就是意識與物質兩相平行的結果。兩者如水交容，彼此是一樣的。但謬誤就不同了，肯定是意識的因素過多，沒有按物質的「理性」來作推理、判斷。我們不管它是感性直觀時所造成的假象所引致的錯誤判斷，還是在加工連結時概念的遺漏所形成。總之，在這一錯誤推理、判斷的認識過程中，很明顯意識的比重是大於物質的本質的。錯誤是意識的錯誤，物質是不會發生錯誤的，它的客觀性在那裏。故我們說，此時此刻的謬誤，完全是意識所造成的，是意識決定物質，而不是物質決定意識。也許唯物辯證者會反駁說：「這正是反映出是物質決定意識，因為你不按物質的理性去意識，你就出錯了，這思維（意識）最終還是要由物質所決定。」意識是否最終由物質所決定？康德的四大悖論就使我們無法辯論下去，就康德的「物自體不可知」論來說，不可能求出絕對的真理，真理與謬誤永遠伴隨著人類世界而存在。這就是說，在物質與意識的辯證過程中，並非物質一直決定著意識，而是有時意識也在決定著物質。就真理認識來說，也是意識反映了物質的真象，意識與對象產生了吻合。叔本華認為：「謬誤作為理性的蒙蔽，與真理相對；假象作為悟性的蒙蔽，與實在相對。」[8]他並指出：「謬誤總是由理性來的，也就是理性在真正的思維中按因果律所有的形式，最大多數也可以是按因果律造成的。」[9]

以叔本華的說法，悟性意識是由實在（物質）決定的，而創造性意識（理性）則是在前意識（悟性）的基礎上得來的。我們看到，這個理性，並不是很有道理的，它不過是根據人用意識創造出的邏輯形式推理、判斷出來的。說到底，它也是意識再生意識的東西。

此外，意識的再生有其意向性。依據胡塞爾（Edmund Husserl，1859-1938）現象學「意識的意向性」觀點，意識是有意向的，是有所指的。他不單與現象（唯物主義的物質）有關，與情感、意志、興趣以及經驗都有關。這就使得意識再生意識的復雜性、多樣性和廣泛性。因此，我用這四種形態概括之，把所有意識的出現都包羅進去，以便對意識的再生做進一步的分析。

為了駁斥唯物論方便，我們一直將與意識對立的客體稱為「物質」。

8 叔本華，《作為意志和表象的世界》，青海人民出版社，一九九六年九月第一版，頁三〇。

9 叔本華，《作為意志和表象的世界》，青海人民出版社，一九九六年九月第一版，頁五六。

但由於「物質」的無限可分性，實際上，「物質」是什麼我們都搞不清楚，關於這一點我們上面已指出過。自康德指出「物自體不可知」論以來，很多哲學家都想推翻康德這個論斷，包括馬克思的辯證唯物論者，但我認為都是枉然的，除非你取消物質的無限可分性。故康德的哲學，在認識論中，稱認識的對象為現象，我們認識的是現象，是物質的表象，而不是「物自體」本身。康德以後的哲學，就不是簡單劃一的稱客體為「物質」了。費希特用「非我」、「自我」來論述；胡塞爾的哲學則稱為「現象學」；而叔本華則稱客體為「表象」；薩特將存在分為「自在的存在」與「自為的存在」。我想這些哲學家都把「客觀存在」不用「物質」來表達，而用另一種方式來論述，其主要用意是將與物質的「物自體」特性距隔起來。顯現的「現象」背後有一個不可知的「物自體」，這超出了知性認識的範疇，我們認識的對象只能是「世界的表象」，不可能深入到「物質的本質」；我們人的認識可劃定「事物的本質」以便認識事物，但人的認識不可能抵達物質的本質。而且意識也有自身反思的能力，並非只是物質與意識的對立關係。笛卡兒將物質與意識相互對立，主、客體分明的辯證法已行不通。而馬克思的唯物辯證法反笛卡兒之道而行之，批判笛卡兒「我思故我在」的唯心主義，以證明他們唯物主義的合理性，其實兩者皆錯。唯物辯證法雖然強調意識的反作用，但這個意識是對物質的反作用，主體不能超越客體（物質），意識絲毫離不開物質。這種物質決定論與笛卡兒的意識決定論又有什麼區別？叔本華認為唯物論「在它初生時就已在它自己的心臟中孕育著死亡。這是因為唯物論跳過了主體和認識形式，而在它所從出發的原始物質中，和它所欲達到的有機體中一樣，主體和認識形式都已是預定的前提了。」[10] 叔本華宣稱：「因此哲學不能從尋找整個世界的一個有效或一個目的因出發，至少是我的哲學就根本不問世界的來由，不問我何有此世界，而只問這世界是什麼。」[11]

我們對「無限」尋根問源，如不是歸結於上帝的創造，我們無法追究到第一因，這等於空中樓閣或竹籃打水，到頭來是一場空。因此，對於物質這個帶有「物自體不可知」特性的概念來說，是唯物論者無法逾越的一道鴻溝：承認它的存在，等於唯物論本體論的破產，不承認它的存在，又使唯物論陷入荒誕不經的悖論之中。

10 叔本華，《作為意志和表象的世界》，青海人民出版社，一九九六年九月第一版，頁三七。

11 叔本華，《作為意志和表象的世界》，青海人民出版社，一九九六年九月第一版，頁五九。

我們在分析意識存在的形態後，我們提出這樣的一個問題：思想是否可以再思想（思想的思想）？思，是否可以再思（反思）？就是說，意識是否可以作用於意識呢？物質作用於意識後，意識非反作用於物質不可嗎？他不可以自我反思嗎？一定要與物質綁在一起思不可嗎？

在表象世界給予意識有了一定的儲存工作後，意識就可以自我加工創造了。我們說一個囚徒在獄中寫了一本幾百萬字的書。這本書可說是意識再生的產品，因為這個人在牢裏，他根本沒有新的知性，新的感性與料。又如貝多芬耳聾以後，還能創作出美妙動人的音樂，也是意識的自我創造。若要以感性－理性模式，貝多芬聽不到聲音，根本沒有新的感性直覺的聲音。在這裏，衍生出一個問題：在我們完成一個理性認識以後，是否可以不放回到實踐中去，而是將這個理性認識再反思，做進一步的意識反作用，也就是說從理論上產生理論？或是從意識上再反思那個意識，而不是放回物質表象世界來所謂的工具性的實踐（唯物主義實踐論）答案是肯定的。意識的再生性足可以證明這點。

西方的哲學家，其認識論基本上是繼承希臘哲學家亞里士多德開創的主、客體的邏各斯論。即設置一個主體－我思，涉及一個客體—表象世界來做互相對立、統一的論述，其雖有涉及到意識的反思、情感、意志等意識表述，但並沒有完全將人的意識作為一個獨立體來考察。本人試圖從這方面來予以考察，或許對意識會有更進一步的認識。

我們知道，如果以表象給我們意識得到的認識而言，冰變成水，水變成汽，其實這三樣東西都是一種物質——其分子結構是一樣的。但我們給予它們命名時，說冰是冰，水是水，汽是汽三個不同的概念，而不是將冰和汽都以水來命名。這就說明，我們的意識已經意識到，表象世界的物質，在時空形式的運作下，是變化和發展的。既然物質是變化和發展的，這個變化和發展構成世界的多樣性。而我們的意識也可意識到這點，這就證明意識也是可變化和發展的。我們順此而進一步考察：物質冰可以變成水，變成汽，那麼這個意識是否可以變成那個意識，再變成另一個意識呢？前面我們已指出過，人腦的思維，只要他有一點客體表象的與料做對象，就可以製造、產生新的意識。數學的算術最能表現這個意識的功能：我們從0至123456789這十個阿拉伯基字，產生無數的算題，就是意識產生意識的再表現。如果我們承認在我們頭腦產生的意表是意識的，那麼在頭腦出現一連串的意識就是意識再生意識的表現。如我們說1＋2＝3這個算題，我們不能說它是一個意識，而是幾個意識作用的結果。即1是一個意識，2是一個意識，＋又是一個意識，得到3，也是一個意識。

哲學家們對於意識的分析，已有相當的深入。尤其像胡塞爾這個現象學大師，將意識抽絲剝離，對人意識意向性的心理描述，做了非常深入細緻的工作。但由於意識的顯現性，就是說，意識要有所表達出來的意才成為「意識」，無可表達，無可命名的只能說是無意識或是佛洛依德的潛意識。故哲學家們一定要尋求一個客體為對象才能意識。哲學家們分出意識的步驟為感性－知性－理性來完成一個認識過程，感性從客觀表象世界得來，知性從感性與料連結、綜合、統一得來，而理性則從知性概念進行推理、判斷得來。儘管他們知道理性是由前意識－知性概念所誕生的，但哲學家們還是做意識與物質（或說現象）的裁決。這對人認識物質世界是說得通的，但對認識我們人自己是有遺憾的，是不能盡人之意的。我們人自己可意識再生意識，他人的意識對我的意識亦有很大的影響。人的生命意志欲求，雖有外界物質的影響，但與意識作用於意識的關係最大。中國人說「知足常樂」，此意識滿足了，他就不再欲求，正是前意識得不到滿足，才再生欲求的意識。理性是推理、判斷的一種，是意識再生意識的典型。實際上我們人自身的困擾，大多是來自意識對意識的作用所產生的。一是我自為的反思，二是他人意識對我意識的作用。

意識作用於意識，在人類的活動中，它表現為「自身的反思」、宗教的沉思、文學藝術的創作、倫理理性的實踐，還有一些理論的構造等，都是在意識的層面上再進行意識的活動。還有一個他人意識對我作用，使我產生新的意識，這個意識促使我再生的意識對我們人生之影響很重要。一個人不為物累或許很容易做到，但不為意累，則更難，物有形象，我視而不見，聽而不聞，心則不為物動，如此就做到物我兩忘了。而意無形體，貫於心而發，更難於控制。意中之意，常使人陷於心煩意亂之中而情志不寧，這正是我們稱為「智慧」的東西在困擾著我們人類。下面論及他人意識對我之影響，作為我們悟道的鋪路。

七、他人意識對我之意識的影響

西方哲學，崇尚理性。其傳統哲學論述方法基本上採取二分法：即主體（我之意識）與客體（物質或說表象世界）。這在格物窮理的認識範疇來說，並無可多議之處。但為什麼要將意識作為是我主體唯一的東西，而表象世界或說物質也是作為客體所唯一的東西，以此兩者構成一個矛盾兩個方面來進行辯證？這對人的意識活動來說，並不能全面概括之。譬如他人對我的肯定或否定，我因此而思，這是他的意識對我的意識產生作用，使我產生新的意識，我因他的這個意識，改變了我的意欲，啟發了我新的動機，促使我反思。這個他人的意識，它是外在於我的客體，我將它視為「客體」或說「對象」不錯，但將它視為物質的、或表象的東西，則似有不妥。某人向我表達一個意識，我不能把他只作為一個表象來考察，我不只會考察他說話的聲貝有多高，他臉色蒼白或漲紅的，他說話時距離我多遠，或是他的手腳如何比劃的。我的反應首先是：「他這話表達什麼意思？」這種「客體意識」與「我主體意識」兩者的互相作用，在人類的活動中是常見的，普遍的，對人生的影響非常深遠。為什麼哲學家們只看到意識與物質、「我」——主體與表象世界的關係呢？意識作用於意識，應該是一個值得探討的問題。

人類的基本活動，其範圍只不過是這兩方面：一是人與自然（物質）打交道；二是人與人之間打交道。前者可說是意識對物質的關係；後者雖有意識對物質的層面關係，但多是意識對意識的關係。人的生活，離不開他所在的圈子，這個圈子即特定的時間和特定的空間。人的意識，在這個特定的時空裏，不僅受到表象世界（物質世界或說自然界）的影響，還會受到他人的意識影響。即他人意識對我之意識產生作用，使我人生發生變化。我的存在，是與他人脫不了關係的。

我們常聽到或讀到一些老者回憶他這一生時說：「改變我這一生命運的是我在某年某月某天張某人對我說的一句話。」「張某人」這一句話竟影響著「這個我」的一生，使這個人的意志終身為之奮鬥，可見意識作用意識之影響巨大。

人與人之間的關係活動，基本上是意識對意識的活動。他向我傳遞的話語、表情與動作，都蘊含著意識性。譬如他說我是豬，我的反應是他在羞辱我、在謾罵我、他對我極不友善。他的這句話，向我傳遞的就有如上意識，這是我意識中的反應。我不會視他是我的一種表象，或說是客觀物質的對象，我不會判斷這句話的音量分貝是多少？他明顯對我表達著一種意識，我因他的這個意識而在內心產生一個意識：我厭惡他、我對他的無恥感到憤怒、他竟如此羞辱我，我以為他才是豬……，他的這個意識引起我的一系列反思：我認為人性是醜惡的、他沒有道德修養、他將自己的快樂建立在羞辱別人的頭上……等等，我頭腦產生一系列的反思，都是由他向我傳遞的這個意識所引起的。我的這個意識是由他的意識作用所產生的。

他人的意識，不僅影響我的意欲，也在影響我的情感、影響我對事物的判斷、推理、概念等。你的一句鼓勵話語，竟堅定了我的意志；你一句罵我是豬的話，竟令我一天鬱鬱不樂；我昨天放在書桌的錢不見了，你說張某進過我的房間，我因此看張某走路的形態、動作、甚至表情，都像是偷我錢的人。所謂的「暗示」，就是一個意識企圖作用於另一個意識。

我們生活在這個世界上，他人的意識無處不在，無時不有，因為我的知識不是天生就有的，大部分是從他人處學來的。在這個意義上說，只要我思，我就逃不脫他人意識的存在。我本來是一無所有，在我第一次睜開眼睛看這個世界時，他人的意識也在不斷地作用於我了。我學，就是學他人的意識；我接受教育，不就是別人將他的意識灌輸於我嗎？我的生命意志，是表象世界和他人意識不斷作用的合成品。我的成長，是與表象世界及他人的意識分不開的。就是說，我之所以成為現在的我，而不是另外的一個我，是與我所受的教育以及我對這個表象世界所思分不開的，這個「教育」的東西，就是他人的意識傳受於我，我是不斷吸收他人的知識（意識）來成全於這個「我」的。人與人之間的鬥爭、溝通、交流對話等都是意識對意識的作用。我憤怒、我恐懼、我噁心、我高興、我無奈、我思、我虛無，我羞恥，我驕傲，都有他人意識的作用。他人，在與我發生關係時，僅僅是純粹的表象？我們不能像現象學者那樣，將他人視為純粹的表象顯示者。他人與我的關係，有時是表象者和被表象者的關係，但有時還有意識的在場，是意識對意識的關係。他人向我顯示的，不僅是純粹的表象，還有意識的在場。他人向我顯現的表象，往往展示著一種意識。在我運用思時，他人有如下幾種關係：

第一，我是主體，他人是我的對象，一個具體表象的顯示者。他人首先被我感知的就是一個活生生的人：他的臉部有斑點、他的頭髮很長、他高鼻子、他正在向我走過來、他站在大廳的右角邊上……等，他人是一個物象。我們說張三長得如何？李四長得如何？這是一個表象的陳述。刑事案件的現場描述、還原，最能說明此類現象。

第二，他人是一個主體。他人與我一樣，也是個會思的人。我既然可以把他當作對象來思，他也可以把我當作對象來思。我與他的關係，在我來說我是主體，他是客體；在他來說，我倒轉變成客體，他為主體。他人在我來說，是個會思為的人，他是個意識人。

第三，他人是我否定之否定的一個重要環節，一個自我揚棄的中介體。他人有我，我在他中不斷揚棄，上升為一個現在的我。就是說，我的羞辱、我的坎陷、我的榮耀、我的圓滿，我之所以為我，是我在既否定他人又肯定他人中成全我自己的。我不能是他，否則我就沒有了自我；但沒有他，我就在坎陷中失落。我的自為存在，是靠我不斷肯定和否定他人的經驗意識而得以自立挺拔的。

第四，他人意識與我意識的對立統一，是在經驗的基礎之上進行的。我對他人意識的反思，是經驗的反映。「我以為他這話的意思是……」這個判斷就是經驗的。因此，我對他人的意識反應是建立在我個人的經驗基礎之上的。一個外國人對我嘰嘰咕咕地說幾句話，我聽不懂他說的是什麼意思，即我無學過此國語言的經驗。任何意識對意識的作用，都是建立在經驗的基礎之上的。

第五，由於他人是一個意識的主體，我不可能把握他人絕對的本質。就是說，他人如何思？他是怎樣想的？他為何無端端發脾氣？我無法絕對把握他。他是自由的，我不可能成為是他人的主體，我不能代替他作為主體的思。他意識對我的作用，我作出的意識反應是經驗性的。

第六，此外，人有喜、怒、哀、樂的情感，這個情感，也會對意識作用於意識造成影響：「我今天心情不好，有可能誤解了某某人的話了。」這個「情感」也會影響主體與純粹的表象關係以及對意識的意向性起作用。

因此，我與他人的關係，一方面是作用於意識的關係，即我之主體與他之主體對立統一的關係。由於他人與我一樣，亦是一個主體，我無法深入到他的內心去，把握他的本質。這個意識對意識的作用，就表現為或然性，朴散性。他是靠經驗意識來把握對方的。

法國哲學家薩特在他的《密室》裏有一句名言：「地獄便是他人。」[1]他人是處處妨礙我存在的障礙物，是我意志自由的絆腳石，我的不自由，是因為他人的存在。我的自為存在，是在排斥他人的自為存在而得於確立的。這個世界，在時空形式的運作下，嚴格來說，就是我的世界，我是世界的中心，是我作為主體顯現的世界。而他人也作為主體擁有一個世界，我如何容忍得下他的存在？在人的意欲（叔本華的意志）激發下，這個意識對意識的作用就具體表現為一個矛盾的兩個方面，既對立又統一。人與人之間的鬥爭是這種矛盾最突出的表現：陰謀詭計、心理戰、一個策略謀劃、以退為進、詐變、暗示等等意識的籌劃，就是意識與意識的矛盾鬥爭。譬如說，我的意志激發我的動機，我想要擁有名譽、金錢和地位，而

1 高宣揚，《薩特傳》，三聯書店香港分店，一九八六年十一月第一版，頁一三五。

他人也想要擁有，這個世界就是這麼一個世界，大家處在一個統一體中，就是說處在一個時空世界中，如果你擁有，就是我的失去，反之亦然。市長就那麼一個，總統就那麼一個，你坐上這個位子，就意味著我失去這個位子。你要如此顯現，我也要如此顯現，你意欲，我也意欲，彼此之間互相聯繫、互相鬥爭、互相對立，彼此之間是自為否定的對象。那些描寫宮廷鬥爭的文藝作品，描寫他人如何利用陰謀詭計達到目的文藝作品，是對這種我與他人之間意識矛盾深刻的展露。他人真的如薩特所說的那麼可惡？那麼不是東西？如依薩特的分析，他人既不能僅僅作為一個客體的純粹表象者，但亦不能將他作為主體來分析他。這個矛盾，實質上就是意識的在場，意識對意識的作用所造成。這個困難就在於：他人和我一樣，也是個會思的意識人，但我是我，他是他，我無法把握他，他也會思索，但他想什麼？他如何思？這是他的自由。我能把握他存在的本質嗎？我不僅不能把握他，他還處處妨礙我的自由，阻擋我走向存在之路，有我無他，我的存在是在排斥他人的存在才能確立的。但假如我們將他人一一排除，將這個「地獄」一個個地消滅，剩下一個孤獨的自我和這純粹的表象世界，這個我思，還有意義麼？連上帝造就亞當時，都憐憫他的孤獨，從亞當的身上抽出肋骨再造個夏娃來陪伴他。可以想見若沒有他者的存在，他者的意識供我思，我思是多麼貧乏，甚至是毫無價值的。對我的存在來說，他人既然是地獄，但沒有他人，這個世界還可能成為世界嗎？

我們不能說，存在主義者對他人的存在，就沒有相應的解套。其解套方法就是真實的顯現。我真實地顯現我自己，你真實地顯現你自己，他真實地顯現他自己。換句話來說，就是中國人所說的「誠」，每個人都誠實對待其自己，顯示其自己，沒有造作，沒有假象，沒有隱瞞，存在就是其所是。彼此之間就相安太平了。但存在主義是個「執的存有論」（牟宗三語）[2]者，我執他也執，這個「誠」就出問題了。牟宗三先生批評海德格的存有論舉了一個生動的例子，他說：「這個思路也只是我們北方一句俗語——你是好樣的，你站出來！」[3]你是好樣的，我也是好樣的，大家都赤裸裸地站出來，這個「誠」還有空間站立嗎？誠，沒有一個安住所，沒有一個本質所依據，所顯現出來的，就像一個幽靈，飄忽不定。薩特認為人是自為的人，他可以選擇好的為其存有，就是說，他對其自為的存在是負

2 《牟宗三集》，群言出版社，一九九三年十二月第一版，頁四三八。

3 《牟宗三集》，群言出版社，一九九三年十二月第一版，頁四一六。

有責任的。薩特這個選擇性存在，有點近似中國人講的「憑良心做事」。但你薩特既認為人的「存在先於本質」，沒有一個本質作為座標，什麼是「好的」？什麼是善的？人人各有其判斷標準。你薩特認為是良知的我不一定認為也是。這樣彼此互相顯現，「誠」就出問題了。薩特還是自相矛盾的，他在自我存在的特殊性上是行得通的，但一上到普遍性，其理論就招架不住了。

現象學者的一個缺陷，就是他們看不到人的本性，或說不承認人有一個本性。人的性體是什麼？人若沒有一個性體來提昇境界、來做道德行為的約束，剩下赤裸裸的現象「顯現—顯現」，「揭示—揭示」，當然推出來的人生哲學，就是你死我活的鬥爭哲學。其對處理人與人的關係，即意識對意識作用的關係是有欠缺的，因為人的心性是內在的，只有向內尋求才能領會其要點。中國的儒學，與薩特的理論恰恰相反：不是存在先於本質，而是人的本質先於存在。儒學是在承認人的「性本善」基礎上反身求誠來建立的。

八、儒家道德哲學的建立

現在，我們來考察儒學是如何處理我與他人的關係的。儒家對於人與人的關係處理得最為和諧、周全。在處理意識作用於意識的人生關係上，孔子這個「仁學」，可謂「極高明」與「盡精微」[1]。在《論語》裏，子貢與孔子有一段很著名的對話：「子貢問曰：『有一言而可以終身行之者乎？』子曰：『其恕乎，己所不欲，勿施於人。』」[2]

我們以現代人的眼光來看，孔子的做法是很聰明的。他知道他人也是一個主體，一個會思的自由人，你的意識不能代替他的意識，於是孔子「反諸求己」，以己度人。凡是我不喜歡、不需要的東西，我也不會施加於他人。孔子這個做法，用我們現代的話說，叫做「將心比心」。孔子是向內轉來求與外在他人的平衡的。他的表現，與海德格、薩特等存在主義者恰恰相反。孔子先求其內省來對待他人，嚴以律己，對他人採取寬恕的

1 《大學・中庸》華語教學出版社，一九九六年第一版。

2 《論語》，藍天出版社，二〇〇六年八月第一版，頁三一八。

態度。他的哲學，是以一個「仁」字來建立的。

「克己復禮為仁。一日克己復禮，天下歸仁焉。為仁由己，而由人乎哉？」[3]孔子說仁，其沒有直接說出一個確切的定義。他多為從旁說仁的好處而證仁：「先難而後獲，可謂仁矣」[4]這是一個仁的意義。「宰我問曰：仁者，雖告之曰「『井有仁焉』。其從之也？」「子曰：何為其言然也？君子可逝也，不可陷也，可欺也，不可罔也。」[5]這是反駁宰我無理取鬧的一個仁義。「子曰：不仁者，不可以久處約，不可以長處樂。仁者安仁，知者利仁。」又說「唯仁者能好人，能惡人」、「苟志於仁矣，無惡也。」[6]這又是一個仁的意義。「子張問仁於孔子，孔子曰：『能行五者於天下，為仁矣。』請問之，曰：『恭、寬、信、敏、惠。恭則不侮，寬則得眾，信則人任焉，敏則有功，惠則足以使人。』」[7]能做到「恭、寬、信、敏、惠」就是仁了。孔子說仁處，多而雜，甚至他評判顏回「其心三月不違仁」[8]。其評判標準是什麼他也沒有說清楚，為何只能維持三個月？顯然孔子心中是有一個仁的尺度的，但我們不得而知。從孔子說那麼多仁的意思裏我們看到，孔子的仁，是一個道德本體，只要你實踐了這個

3 《論語》，藍天出版社，二〇〇六年八月第一版，頁二二二。

4 《論語》，藍天出版社，二〇〇六年八月第一版，頁一一六。

5 《論語》，藍天出版社，二〇〇六年八月第一版，頁一一九。

6 《論語》，藍天出版社，二〇〇六年八月第一版，頁六一。

7 《論語》，藍天出版社，二〇〇六年八月第一版，頁三四九。

8 《論語》，藍天出版社，二〇〇六年八月第一版，頁一〇三。

「仁」，你就可以在世安身立命，不僅可以洞察世間的一切，而且可以長住久安，並且可以抵達盡善盡美的境界（「仁者樂山、仁者壽」）。

以我看來，孔子的仁就是性善。性善是人的本體。這個性善就是孟子所說「惻隱之心」，即「不忍人之心」。孟子說：「惻隱之心，仁之端也；羞惡之心，義之端也；辭讓之心，禮之端也；是非之心，智之端也。人之有是四端也，猶其有四體也。有是四端而自謂不能者，自賊者也，謂其君不能者，賊其君者也。」[9]

孟子謂人之所以為人，就是因為有「仁、義、禮、智」四端。這四端就像人的四肢缺一不可，各有各的功能，決定人的思為。若做不到，個人來說，就是自欺；對君主來說，就是欺君。孟子就此將孔子的「仁」推向首位：「孔子曰：『里仁為美，擇不處仁，焉得智？』夫仁，天之尊爵也，人之安宅也。莫之能禦而不仁，是不智也。不仁不智，無禮無義，人役也。」[10]孟子對此四端，作為道德的準則，其對此各有具體的論述。而這四端者，則首推仁，仁是道德的本體。我「反諸求己」，一切由仁而發，是「仁」決定我要這樣意欲的。我不這樣做，不這樣思，我就不成為其人了，用存在主

9 《孟子・公孫丑上》，智揚出版社，民國八十三年版，頁八七。

10 《孟子・公孫丑上》，智揚出版社，民國八十三年版，頁八九。

義的話說，我就不是我了。而是「人役」了。儒家是先設一個人的「本質」——仁體，然後才講人如何存在的。這個仁體，就是性本善。天生吾人，性本就是善的。整個儒家道德學說，是建立在這個「性本善」上的。天道如此，「舉頭三尺有神靈」，莫之亂動也。人要以仁思為才合乎天道。

這個人的「性本善」是由天道所決定的。雖子貢說「夫子之言性與天道，不可得而聞之也。」[11]但我們往上索，從儒家所依賴的經典《易經》上尋求，就有可解了。《易經》的〈繫辭傳〉據說為孔子所作，在此我們不必做考據，但儒家學說所說的道理多有《易經》的根據，這是一個不爭的事實。孔子也說過「郁郁乎文哉，吾從周」[12]。我們來看看《易．繫辭傳》是如何說的：

> 天尊地卑，乾坤定矣。卑高以陳，貴賤位矣，動靜有常，剛柔斷矣。方以類聚，物以群分，吉凶生矣。在天成象，在地成形，變化見矣。[13]

我們所處世界的一切，都是有來由的。它不是無規律、無秩序的。整

11 《論語》，藍天出版社，二〇〇六年八月第一版，頁八七。

12 《論語》，藍天出版社，二〇〇六年八月第一版，頁四七。

13 《周易正宗》，華夏出版社，二〇〇四年一月第一版，頁六〇一。

個宇宙世界，有其規律法則在運轉的。據〈繫辭傳上〉所說，我們看到，這個世界從乾元大始發起，有了地母，然後生萬物。《易・序卦傳》說得更清楚：

> 有天地，然後有萬物，有萬物，然後有男女，有男女，然後有夫婦，有夫婦，然後有父子；有父子，然後有君臣；有君臣，然後有上下；有上下，然後有禮義有所錯。[14]

故這個世界是有道法可循的，人不可以違反天道。

聖人制禮義，說仁、性，都是根據天道而來。「一陰一陽謂之道，繼之者善也，成之者性也。」[15]這是天命如此，順之者昌，逆之者亡，「是故君子所居而安者，《易》之序也」[16]。

我們遵循天道法則而行就是善，與天地合而為一就是盡性了。故《中庸》說「率性之謂道」[17]，由天道而落實到人，人如何遵循這個天道法則？於是孔子以仁而說之。因天道無聲無臭，無形無象，不可言說。故孔子的仁有

14 《周易正宗》，華夏出版社，二〇〇四年一月第一版，頁六九三。

15 《周易正宗》，華夏出版社，二〇〇四年一月第一版，頁六一五。

16 《周易正宗》，華夏出版社，二〇〇四年一月第一版，頁六〇八。

17 《大學、中庸》，華語教學出版社，一九九六年第一版，《中庸・天命章》，頁三。

所包又似無所包，終其不得有一個確切具體的定義，但其義是可尋的，即其以天道的至善而言。孟子再加以發揮，言善與性，把天道進一步明確化。

由於儒家以性本善作本體建構其道德哲學，但在「萬物並作」[18]的過程中，人不免會偏離道本而走向惡。人如何緊記道本而從善如流呢？這就需要「誠」來作踐履之路來達仁。故子思說：「誠者，天之道也，誠之者，人之道也。不勉而中，不思而得，從容中道，聖人也。誠之者，擇善而固執之者也。」[19]「故至誠無息，不息則久，久則徵，徵則悠遠，悠遠則博厚，博厚則高明。博厚所以載物也，高明所以覆物也，悠久所以成物也，博厚配地，高明配天，悠久無疆，如此者，不見而章，不動而變，無為而成。」[20]宋儒周敦頤亦說：「誠者，聖人之本，大哉乾元，萬物資始，誠之源也。乾道變化，各正性命，誠斯立焉，純粹至善者也。」[21]

天道的展現就是那麼真實，無一瑕疵，無一造假。我們人要回歸到天道，只有誠，誠就是真實顯現其自己，沒有嬌柔，沒有造作，沒有隱瞞。你是這樣想，你是這樣做，真正顯露其自己。「存在就是其所是」。由誠而盡性，盡性而顯道體。誠是儒家踐仁的方法論，由誠而至仁，由誠而達

18 《老子》十六章，頁二六六。
19 《大學、中庸》，華語教學出版社，一九九六年第一版，《中庸・問政章》，頁五六。
20 《大學、中庸》，華語教學出版社，一九九六年第一版，《中庸・無息章》，頁七九。
21 《通書・誠上第一》。

仁。因乾元是一，無以為對，其德性是純粹的，「獨立而不改，周行而不殆」[22]。人要率性上達天德，只能以誠才能通達，無誠則天命不能顯。

但儒家這個「誠」，與現象學的純粹表象又有所不同；與美國實用主義者「想要就去要，想做就去做」也不同。他不單純是真實展示其自己，不單純是我意欲我想要就去要的表現，而是有一個底線的誠——要依善本去思為。故有孟子所說的「熊掌與魚不可傔得」[23]的意思。這個誠是有選擇的，嚴重的話，還要「捨身以成仁」。這個思為，要由性本善來展誠的，不是好樣的站出就是展現誠。因為這個世界有萬物相對，人有善惡之分、有是非真偽的判斷，這個誠，如何展現？子思有「中庸」之道：即不偏不倚，走中間路線，持中而立，斯誠可守。王陽明進一步發揮，即所謂的「良知」。由「良知」來判斷，來導引，來展現其「誠」。只有「知體明覺」，才能真正展現誠。只有「知體」，才算是「明覺」；也可以說只有守住性本體，才算是「明覺」，否則那便是妄覺、幻覺、無明之覺。儒的誠，要以性善為依歸。

由「誠」踐履之路來達仁。我們知道萬物生生不息、大化流行之資源

22 《道德經》二十五章，頁二六八。

23 《孟子》，智揚出版社，民國八十三年版，頁三〇七。

在於誠，人只有誠才能盡性知天命，才能完成仁人的功德圓滿。但在實踐誠的過程中，除自己反省自己誠不誠外，還會受到他人各種不誠言辭的蒙蔽、騷擾，以致於使我陷於不仁不義。他人的意識對我展誠是有影響的。故孔子除「反諸求己」、「己所不欲，勿施於人」的自我反省做人外，還要作「知人」的判解，要知道別人誠不誠。別人的不誠，也會妨礙我誠的自由，影響我誠的展現，整個道德體系就不能作成建立。只有知己知彼，才能路路通，道德才能作成達到普遍性。故孔子說：「不知天命，無以為君子也；不知禮，無以為立也；不知言，無以知人也。」[24]

孟子亦有「知言」之辨：「『何謂知言？』曰：『詖辭，知其所蔽；淫辭，知其所陷；邪辭，知其所離；遁辭，知其所窮。生於其心，害於其政，發於其政，害於其事，聖人復起，必從吾言矣。』」[25]

孔、孟作「知人」的辨解，是為由誠達仁掃清道路，不知言，任由「淫辭、邪辭、遁辭」亂政，則仁義就行不通了。故「知言」也是做君子的必備之學。

儒家所言的「天命」、「仁義」、「誠信」、「禮讓」、「忠恕」、

24 《論語》，藍天出版社，二〇〇六年八月第一版，頁三九七。

25 《孟子》，智揚出版社，民國八十三年版，頁七三。

「廉恥」等等，都是做君子的必備之學。《大學》和《中庸》兩書，將儒家的道德使命說得更清楚。《大學》開章明義地說：「《大學》之道，在明明德，在新民，在止於至善。」[26]其踐仁之路由「格物致知」到「誠意正心」，再到「修身齊家」，最後達到「治國平天下」的最高抱負。而《中庸》講「心性」，也是講人的心體、性體本自天命，人如何修心養性，達到「知天命」境界。其〈天命章〉曰：「天命之謂性，率性之謂道，修道之謂教。」

子思以為，不偏不倚、中常為道。根據「中庸」之道，進一步論及「親親殺」、「尊尊等」及強調「誠」等來符合中庸之道。其整套理論都是講人與人的關係的，即意識對意識的關係。其所謂的「格物致知」，也不是西方傳統哲學認識論的意識對物質的關係。西方哲學講格物，其目的就是認識這個物相；而儒家的格物，以《大學》、《中庸》及王陽明之辨解來看，其目的是達到知人性、知天命。即《易經》所說的包犧氏之作為：「仰則觀象於天，俯則觀法於地，觀鳥獸之文與地之宜，近取諸身，遠取諸物，於是始作八卦，以通神明之德，以類萬物之情。」[27]

其目的不是為格物而物，而是要知人性、知天命。故儒家的「心性」

26 《大學、中庸》，華語教學出版社，一九九六年版，《天命章》，頁三。

27 《周易正宗》，華夏出版社，二〇〇四年一月第一版，頁六四八。

學不是見物即物，見性即色性，而是形而上學的倫理觀念。我稱之為「意識作用於意識」的關係。即以天命為中介體，將我之意識與他人之意識進行對立統一之論述。如儒家禮教中的「子為父隱」，父親犯罪，做兒子的知道了不能去告發父親。如以西哲的理性來看，這是不合理的：這個犯罪是一個事實，兒子告發何錯之有？這就是西哲的見物即物，就事論事的認識論。而儒家的道德倫理學則看法不同了，它涉及到意識而意識的東西：要維護「親親殺」的人道關係。天命從乾元始發，「有天地然後有萬物，有萬物然後有男女，有男女然後有夫婦，有夫婦然後有父子」[28]。父子這個親情關係是不能破壞的，就是說做兒子的告發父親就是違背天道。天道一破，人道就無所立了。天道與人道是統一的，不可分離的。「道也者，不可須臾離也，可離非道也。」[29]

儒家強調的「忠臣」、「師道尊嚴」等也是根據此《易》之天命所然而來。其整個道德體系的信任度是以「親親殺」、「尊尊等」來維持的。從這個角度來看儒家的一些常規禮教就是合理的了：為什麼子女不能對父母直接指名道姓，不能批評老師，對君主要忠心耿耿。因其所謂的人道是

28 《周易正宗》，華夏出版社，二〇〇四年一月第一版，頁六九四。

29 《大學、中庸》，華語教學出版社，一九九六年版，《中庸・天命章》，頁三。

順從天道而來；而人道則是由人性開發而立的。故「天命之謂性，率性之謂道，修道之謂教。」[30]

一切由「性」而發，一切由「性」而顯，一切由「性」而立。其意義是超乎物相的，其觀念是形而上學的。但其不是沒有意象，其天命（天道）、心性等都有明確的意指。其天道是什麼？人道是什麼？其有一套系統的存有論。牟宗三先生把儒的天道說成是「無執的存有論」。即天道無對，其無聲無臭、無物相可執而言。天道雖是無，但我們又不能說沒有天道，從萬物及我們人性的顯現，就可徵得天道的存在。如此來說，儒家的最高境界——天命說，雖沒有執物相而存有，但有執意相而存有。這個天命一定要慣之於心性之意而發，無意相之存有，天道從何而存有？牟宗三先生的「無執」，實際上還是有執，不過不是執物相而是執心的意相。後來的宋明理學，其言「天命」、「心性」、聖人之境界等，間亦滲透有老莊道學之精髓，多言天理及無所作為的功夫，少談學以致用的功夫。朱熹就有「存天理滅人性」之說。其聖徵與老莊的道無類似：聖人體無，無不可以言說，又不可以訓等，指出聖人無可作為。可以說，儒道兩家，在言

30 《大學、中庸》，華語教學出版社，一九九六年版，《中庸・天命章》，頁三。

「天道」上，基本都遵循「堯、舜、周文王」那一套天道之理。即《易經》的「乾坤」之說。在聖人體無的境界上，儒、道兩家很相似：如「無思、無欲，感而逐通……」[31]與老子的「損之又損，直至無為」，然後頓悟得道很接近。孔子「吾道一以於貫之」與老子「道是一」也是以「一」言之；「夫子之言性與天道，不可得而聞之也」與老子「道可道，非常道」也很相似；甚至孔子的「七十從心所欲」境界亦與莊子的逍遙自在的得道境界很相似。《莊子》一書有說孔子歸於道家，後儒多有否認。魏晉、宋明等名儒，如郭向、向秀、王弼或程明道、王陽明等，其儒、道兩家思想，都互有滲透。到了明末清初，儒者可能是痛思明亡的教訓，對宋明理學來個反動，多作體用的功夫，對天理玄學的聖徵境界進一步明朗化，天道不再是純無，而是可尋得的實有。如王船山、顧亭林等皆是，他們對陽明的玄學言說特別不滿。以我看來，儒家學說，自孟子將其「十字打開」後，天道與人道就發生矛盾了。天道是無，人道是有，兩者如何不發生悖論呢？講道德修養作為，是實有，是有對有執相的；而天道無執無對無相，不可以言說。兩者完全不是一回事。還是孔子高明，他不將性與

31 《周易正宗》，華夏出版社，二〇〇四年一月第一版，頁六三一。

天道打開來說（「夫子之言性與天道，不可得而聞之也」），一打開，道就廢了。正如莊子說的，你一說出有道，道就消失了。道是無無，即自然之無，有意的無，只能做到「江海之閒」的無。故孔子不言怪力亂神，以「仁」說教，而且亦不把仁的定義說清楚，這是孔子的高明之處：他教你以仁修身，積德行善，功德無量，天下太平，這樣他的仁道德教化就達到目的了；如你的天份很高，悟性很高，這仁還可以繼續發展，依仁再作體無，可以直通天道，達聖人之境界。可以說，孔子的仁，其低可以流行教化芸芸眾生，其高則「不可得而聞之」。此仁上下暢通，「夫君子所過者化，所存者神，上下與天地同流」[32]。

後儒為將孔子的仁發揚光大，「十字打開」，將仁的意義說死，將性與天道可得而聞之，即賦之於一定的內容來說之、訓之。孔子的性與天道就變了，其性與天道成為道德說教的附庸品。「天命之謂性，率性之謂道，修道之謂教。」[33]

一路下來，到作誠，講親親殺、尊尊等，性與天道昭然若揭，這明顯是實有的存有論，儘管一些後儒講天道時說天道無聲無臭，是無。聖徵

32 《孟子》，智揚出版社，民國八十三年版，頁三五七。

33 《大學、中庸》，華語教學出版社，一九九六年版，《中庸・天命章》，頁三。

要體無，要無執無相無對方能通達天命。但你規定那麼多的道德準則，要辨言、要作「親親殺」、「尊尊等」等道德規範，你的「誠」也是有選擇的，你如何「率性」？《中庸》所謂的「修道」的「修」，就是有對的：這個「性」本身就有善有惡，我們要發揚善的一面，抑制惡的一面，如果其性都善，我們就不必修。故有修必有相（修的對象是什麼？），必有對（對善惡而言），必有所執（執性善）。《中庸》所謂的中間路線也是一種選擇，也是有所執：執左右而言他，執上下兩頭而言他。他不是寂然不動，也不是作圓的運轉，十字打開必然是實有的存有論。我們從〈易〉八卦的太極圖來看，由陰陽魚圖案合成一個正圓，這個圓就是道（「一陰一陽之謂道」）道包含陰陽二氣。從圓圈外看，它是一，無相對，渾圓一體；而從內看，陰陽魚是有對的，一陰一陽相對。乾元本是一，有乾坤，乾坤生，就有對了，其已不是乾道的純一，而是偶數的二了。再下來是「三生萬物」的世界誕生。這個世界更是繁雜紛紜，有聲有臭，有對象，生生息息，變化無窮。以此我們看到，人——這個男女是在陰陽二氣內所生出的產品，他（她）必然有陰陽兩氣的存在，那麼，他本身所存有的性也是性二，而不是性一。儒家把「性」直接回歸到乾元的道本上去，以此來「率性之謂道」似乎是越了級。實際上，我們從儒家作的道德論來看，人必須在好惡、是非、親疏、忠奸、可欲與不欲之間選擇。這個有擇而「修」，不正說明人性是兩面的嗎？那麼，好，我們就按儒家所說，把性本體歸為是乾元的天道。那乾元是在陰陽兩氣之上，是無對、無相、無執的無，那你儒講的性本善就不一定是乾元那個性了。乾元那個性——天道要做體無的功夫才能悟出的，你那個人性是在生生息息，運動變化中的性，是存有的性。你怎麼把一個有的性和一個無的性合而為一，說是「性一」？如依《周易》之理推，乾元的那個性，根本就沒有人世間的善惡、是非、親疏、忠奸、真偽等，這一切都是人意所為。故老子說：「上德不德，是以有德；下德不失德，是以無德。」[34]何故？「天與人不相勝也。」[35]

天是天，人是人，人道不可能與天道直通。子思作《中庸》，以言性通達天道，我看其也是在意識作用於意識上下功夫，將性作人道的否定之否定辯證，最後將性理念作目的論的靜觀，其最終達到「天道」之境界。實則這個「天道」，是用「性」這個觀念來作康德的實踐理性，退回到知

34 《道德經》三十八章，頁二六九。

35 《莊子正宗》，華夏出版社，二〇〇五年一月第一版，頁一〇六。

性、感性中去，將靜觀到的「人性善」都裝到天道的「性」中去，就是說「夫焉有所倚，肫肫其仁，淵淵其淵，浩浩其天」[36]，我確實知悟和感應到了。實則這還是人道，即君子之道：「君子之道，本諸身，征諸庶民，考諸三王而不謬，建諸天地而不悖，質諸鬼神而無疑，百世以俟聖人而不惑。」[37]

有人稱儒學為教人君子之道似不誤。孟子說得更明白：「君子之深造之以道，欲其自得之也，自得之，則居之安，居之安，則資之深，資之深，則取之左右逢其源，故君子欲其自得之也。」[38]

此之以人道完全通了，但以天道是否全通？此「欲」尚有意在，其意在「自得」，與道家的自然之「無無」有所不同。故孟子將孔子的性與天道「十字打開」，作有道是的道來，君子之道是發揚光大了，但聖人之道則失了。我們試將八卦陰陽魚這個圓從中間十字打開，你還會求得圓嗎？這個十字上下無盡頭，左右無邊際向外展開，如何圓道？而且你站在圓的正中點剛好是陰陽相半，正所謂的「中庸」，但你一向前、向後、向左或向右都無中庸的本性，不是陰多，就是陽少，不是陰少，就是陽多，反之亦然，故你一有動，有講所謂的生生息息，十字一開，就無中庸可言。我

36 《大學、中庸》，華語教學出版社，一九九六年版，《中庸・經綸章》，頁一〇一。

37 《大學、中庸》，華語教學出版社，一九九六年版，《中庸・三重章》，頁九一。

38 《孟子》，智揚出版社，民國八十三年版，頁二一六。

以為儒家言性知天命還是一種意作，即抽象的抽象觀念。這意作雖是形而上的，看似無對無執，實際上還是有對有執，不過他不是執物相，而是執意相，執性觀念的意相而論。其完全拋開外界物相的騷擾，自我作一種心性的知性和感性的反思。此知性和感性是以性善作為本體相，向宇宙作一目的論的靜觀，即盡性以應天命。我們從熊十力先生以《大易》的「辟」與「翕」論物象談「體用不二」亦可看出儒家的天道是怎麼一回事：泰初有翕，泰初即已有辟。一辟一翕不可須臾分離而成物，兩者不能分開來論。辟雖說是無，但不能說它什麼都不是，什麼都沒有，不能獨言辟而說世界無物無象；也不能言翕而獨成物成象。辟是宇宙心，是勢用（辟與人心性相通），而翕是顯發辟之資具。由此而說「心物不可分割」。熊先生並批評現代玄學者只懂得用「量智」去猜度本體，而不懂得用「性智」去求得宇宙心。如果我理解不錯的話，熊先生的「量智」，即相當於西哲的「理性」，主客體互相對立的認識論；而其「性智」，則是物我二合知覺論。[39]

熊先生雖然講乾元的無（即辟的無），但這個「無」是辯證的無，其有一個勢在，而與另一面的「翕」不可須臾分割，實質是這個「辟」，還是

39 熊十力，〈新唯識論〉，《熊十力集》，群言出版社，一九九三年十二月第一版，頁八一—一八〇。

有意相的，這個意相，就是我們人的「心」。其之所以統一無矛盾對立（心物不可分割），是用「性智」——心，去抽象之抽象地概括了。即在我心中用意中之意來包裝之，與黑格爾的「否定之否定」達到絕對統一的方法論相近似。其天道是存有的，與老子的道無名，不可言說有不同。儒的天道是可名的，有一個明顯的意旨貫通其中。此兩者不同處，容後再作比較。

儒家所展開的道德論，其意旨是非常明顯的：就是其先造就一個人的性命本體，這個性命本體與天道是一致的（熊十力先生的「體用不二」），然後以這個本體來展現其自己，顯現其自己來證明其存在的。這就是說，他與法國哲學家薩特的哲學命題「存在先於本質」是相反的。他是先定人的本質然後才講人的存在價值，沒有這個性命本體，儒家的整個道德體系就不能成立。這個性命本體就是天命，落實到人就是性，即「性本善」。人的一切行為準則，須以順天命而行事，天命不可違。「天視自我民視，天聽自我民聽。」[40]用通俗的話來說，「舉頭三尺有神靈」，人在做，天在看。我們的思為，只有符合天道，才叫盡性知天命，才能成為最高的善人——聖人。

40 《尚書・今古文全壁》，岳麓書社出版，二〇〇六年三月第一版，頁一五〇。

由於儒家先設置一個人的本質，以此來展現其存在的價值取向，故其道德哲學是向內翻的。即其道德反思是由己及人，推己及人，以己達人。牟宗三先生說儒學是「綜和之理性」是不錯的。儒學，他先設置一個道德本體來做人，必然是向內翻的「我思」。我的意識的意識，我的反思，首先要思及是否符合「德性」。故我必須「三思而後行」、「己所不欲，勿施於人」、「反諸求己」來要求「我」遵循這個「德性」。我必須通過不斷反省自己、修練自己，所謂的「存心養性」、「強恕而行」，才能一步步返回到那個性本體——道德的最高、最完美的善——歸順天命，抵達天人合一。儒家認為人本來就有這個性本體，「百姓日用而不知」[41]是因為外界萬物並作的相所迷惑，我思向外翻，執相而求，反而離道本越來越遠，只有向內翻，反諸求己，才能尋回自己的本源。儒家講的是回歸性本源，這個性在自己的心中本來就有，無須向外求，而是向內回歸——自己的心性。

我們對認識論、現象學及儒家的道德形而上學做一粗略辨析後，下面對在中國流行的唯物辯證法及儒學作一個簡略述評，期以在作道觀上能撥亂反正，正本清源。

[41] 《周易正宗》，華夏出版社，二〇〇五年一月第一版，頁六一五。

九、唯物辯證法是對物所思的哲學

德國哲學家康德在他的《純粹理性批判》一書，第二版序言裏指出：「及最後告成所建立玄學，其價值如何？凡粗知本著之大略者，自將見其效果僅為消極的，唯在警誡吾人決不可以思辨理性越出其固有限界耳。」[1]他又說玄學「雖無須思辨理性之助力，但亦必須嚴防其有相反之處，使理性不致陷於自相矛盾。」[2]康德的用意再明顯不過：理性有其界限，人類是不可以為所欲為的。

我認為，康德所建立的認識論哲學體系最為周延，最為完整。自康德以後，一些哲學家想標新立意，要打破康德的理性批判哲學。做得最為突出的，要數黑格爾。黑格爾創立的「精神辯證法」。其無所不論，無所不包，他似乎囊括了所有的人類知識。他從無到有，到事物矛盾的相互對立，再到否定之否定，經過螺旋式上昇揚棄的運動和發展，達到最後的

1 康德，《純粹理性批判》，仰哲出版社，民國七十六年九月版，頁一六。

2 康德，《純粹理性批判》，仰哲出版社，民國七十六年九月版，頁一七。

對立統一：絕對精神。黑格爾的哲學雖然張狂，將康德設置的理性界限於不顧。但他最後的「絕對精神」還是回歸到上帝——將其絕對精神的榮耀歸於上帝。馬克思的唯物辯證法則不同，他拾來黑格爾的辯證法，把黑格爾的精神統一體（本體論）——上帝去掉，又拾來費爾巴哈的唯物論，將他們湊合在一起，美其名曰《唯物辯證法》。在論述物質的時候將費爾巴哈的理論搬過來，在論述意識反作用的時候，將黑格爾的辯證法搬出來。他的理論毫無新意，而且他所犯的一個最大錯誤就是他根本不懂得辯證法，沒有吃透辯證法。前面我們已指出過，馬克思首先就把大前提搞錯了。你先「唯物」，再將意識來與物質辯證，這是有違矛盾論的。馬克思還一錯再錯，不僅把黑格爾辯證到最後的絕對精神——上帝抹煞掉，還置康德的「物自體不可知」於不顧，宣佈世界不僅可以認識，而且還要改造世界。馬克思之虛妄作為，比黑格爾有過之無不及。實際上，當馬克思們一宣佈要改造世界時，就等於他的唯物論無效了：世界是物質的，你改造什麼？改造來改造去，它還不是物質的嗎？世界最終是物質的，你什麼實現共產主義都沒有意義，最終，還是歸於物質的。人的一切勞作、生命價值，最終歸於所謂的物質。況且物自體的不可知，這個物質我們永遠不能窮盡它，人類永遠把握不住物質的絕對性。以此來說唯物主義也是不可知論者，其雖設置相對真理和絕對真理來作認識世界的目的，但其聲言人類永遠抵達不了絕對真理的彼岸。這不是不可知論者的變種嗎？沒有絕對的知，就等於有不可知。馬克思這個「唯物辯證法」，看上去很深奧、很美妙。實則是皇帝的新衣裳，什麼都不是，一套詭辯術而已。

馬克思主義唯物辯證法，是費爾巴哈的唯物論和黑格爾的辯證法兩者揉合在一起的哲學。其哲學範疇基本是執形器物相而思辨，其所指涉的形而上理性思辨，也是關於物性之理；其思辨範疇歸屬於物質本體論（意識是物質的屬性）。因此其道德哲學是由物而推己及人，即以佔有財富（物質）多少來作階級分析法，其人道是建立在物性與人互相作用的辯證上，由此衍生出來的階級鬥爭有其必然性。一則他將黑格爾的絕對精神——上帝抹掉，講物質的無神論；二則無儒學那種講心性的形而上學天命道德觀，其所表現出來的就是弱肉強食、強者進取，弱者淘汰的物質發展觀。馬克思主義者宣稱唯物辯證法比舊唯物論進步，其主要表現在意識對物質反作用。這看似在調高了人的意識能動性，此種思辨，不再像舊唯物論那樣執形器物相而機械地思，他的意識反作用是一種反思，但這種反思還是對物性的反思，並無指涉精神境界。他是意識對物質的反作用，而不是意識對意識的反作用。

馬克思的唯物辯證法哲學是形而下的，這一點我們從列寧拚命反對形而上學就可以明證。我們從形而下來看唯物辯證法，唯物辯證法的原形就畢露了：與其說它是一門哲學，不如說它是一門物理學更恰當，或叫做「條件反射學」。諸位若不信，請看：物質（物質條件）反射給意識，意識（意識又以物質為條件）再反射回物質。只要我們將「反射」一詞換成「決定」一詞，就是馬克思的唯物辯證法。我之所以稱它為「條件反射學」是有根據的。它要以物質為條件才能做出意識反應，而意識的反思又是以物質為條件，它決不涉及人類自身的反思，即對理性（思想）的反思（唯物辯證法在思維達到理性後，就放回到實踐中去了，它的實踐與康德的實踐理性完全是兩回事，是不同的，他的實踐是將理論放回到物質世界中去檢驗。康德的理性實踐是做目的論的靜觀）。因此馬克思主義者說唯物辯證法是科學的並無大錯，它是科學的，唯物辯證法整套理論可稱為「物質科學實驗理論」，但它不是哲學。按中國哲學家金岳霖先生的說法，唯物辯證法是以「求真」的學問，而不是以「求通」的學問。有些人想從科學上打倒馬克思的唯物辯證法，說它是偽科學，這是沒有根據的。這從唯物辯證法以求真的整體理論體系來說，是很難辦到的，它實在就是一門科學。在這裏我們要特別指出的是，科學並非萬能的，科學也不是等同於「正確」。中國現社會流行所謂的「科學」一詞，實在氾濫得很。什麼「科學社會主義」、「科學的人生觀」、「樹立科學的管理觀」、「你的說法不科學」等。似乎科學就是對的，是完全正確的，只要將某東西冠上科學的頭含，就無可質疑，真讓人匪夷所思。實際上，以德文Wissenschaft（科學）一詞解，應叫「知識學科」，即一門知識學問。如人家說「社會科學」，即是「有關社會知識的一門學科」，並沒有代表正確的意思。以我們中文解，科，即分門別類，學，即學問。科學也即是門類學問。不知什麼時候，科學在中國則成了「正確」的代名詞，成了神聖不可侵犯的東西，只要你說這是科學的，就是對的，就是無可質疑的。就

「科學」等同於「知識」來解，科學也不是「萬能主義」。以科學精神和理性主義來解決人類所有的問題，特別是人類精神文明的問題，是十九世紀末二十世紀初興行的思想。當今世界，人類已有深刻反省，他們已意識到，科學不是萬能的，人類不斷以科學和理性的名義向自己賴於生存的地球索取，毫無止境，終有一天會迫使地球和人類一同毀滅。人類也開始反思，科學和理性，並不能解決所有人類精神文明的問題，特別是人類深層意識的問題。後現代反科學、反理性的種種表現，已證明科學和理性的無能為力，以及它的侷限性。可以說，人類發展到現在，是該反省科學和理性的時候了。在這種情況下，我們來看看馬克思主義的唯物辯證法，檢討一下它的科學性和理性變種，就使其所謂的「偉大哲學」告白於天下：馬克思主義唯物辯證法，只不過是一門形而下的物理實驗科學。因為他所講的一切，最為大眾化的實在：眼見為明，耳聽為聰。它上不到形而上學的思辨。

德國哲學家叔本華說過：「思想家可分成兩類，一種是專為自己而思想，另一種是為他人而思想。前者稱為「自我思想家」，只有這類人才能認真地思考事情，所以他們才是真正的哲人，實際上，他們一生的快樂和幸福，也是在思想之中；後者可稱為「詭辯派」，他們渴望人家稱他們是「思想家」，他們的幸福不是在本身中，而是在他人的喜好中。換言之，他們只是熱衷於投世俗之所好。」[3]

叔本華並指出黑格爾是屬於第二類的「詭辯派」人物。但黑格爾無論如何詭辯，如何嘩眾取寵，有一點是黑格爾不敢逾越的，這就是神——上帝。他的最後絕對精神，是屬於上帝的。而馬克思主義的唯物辯證法不同，他就如同一匹脫彊的野馬，以「物質決定論」來取代黑格爾的絕對精神——上帝，更是膽大包天。黑格爾要為德意志民族樹立「絕對精神」而寫，而馬克思竟然要為「解放」全世界人類而寫。如叔本華生時看到馬克思泄無禁忌媚俗的「唯物辯證法」，更是氣絕了。

另一位德國哲學家尼采對辯證法更是深惡痛絕，他說：

> 由於蘇格拉底，希臘人的趣味轉而熱衷於辯證法，這究竟意味著什麼？首先是一種高貴的趣味藉此而被戰勝了，賤民憑藉辯證法佔了

3 《叔本華文集》，中國言實出版社，一九九六年十二月第一版，頁七一—七二。

上風。在蘇格拉底之前，辯證法是被好社會拒斥的，它被視為歪門邪道，它使人出醜。……凡必須先加證明的東西都沒有多少價值，無論何處，只要優良風俗仍有威信，只要人們不是「申述理由」而是發號施令，辯證法家在那裏就是一種丑角，人們嘲笑他，並不認真看待他。蘇格拉底是一個使人認真看待自己的丑角，這究竟意味著什麼？[4]

尼采進一步指出：

辯證法只是一個黔驟技窮的權宜之計，在使用辯證法之前，一個人必須先強行獲得他的權力。辯證法家手持一件無情的工具，他可以靠它成為暴君，他用自己的勝利來出別人的丑。辯證法家聽任他的對手證明自己不是白痴，他使對手激怒，又使對手絕望。辯證法家扣留他的對手的理智。[5]

4 尼采，《尼采文集》，改革出版社，一九九五年十二月第一版，頁四三七—四三八。

5 尼采，《尼采文集》，改革出版社，一九九五年十二月第一版，頁四三七—四三八。

唯物辯證法是與形而上學相對立的。故我們說唯物辯證法是一種科學理論的辯證，而不是哲學。以金岳霖先生說哲學是以通為目標的學說來說，唯物辯證法頂多是哲學的初級階段論，因為它的辯證離不開客體「實在」，它並沒有觸及到「思想的思想」的形而上層面，它棄形而上學為敝履。因此我們稱唯物辯證法是一種「思想」，但不是「思想的思想」；它可稱為「物理邏輯學」理論，但稱為哲學實在說不通。若要以「哲學」來冠之，則可稱為「世俗哲學」或「庸俗哲學」，最恰當的稱法叫「市儈哲學」。市儈者，與時與物俱進也。是「執物相而論」者。

由於馬克思主義者不通辯證法，不懂得辯證法的核心是矛盾的對立統一，辯證需要雙方才能辯證，而其硬要在辯證法前面冠上「唯物」兩字，否定意識辯證的一方。這就使得唯物辯證法在辯證過程中矛盾百出，它一上昇到形而上學的辯證時，就會出現二律背反。如它強調物質決定論時，將意識說成是物質的屬性，但當說到意識的反作用時，又將意識與物質分屬兩個絕不相同的概念，這時物質是物質，意識是意識。故它的辯證，只能在物質的圈圈內打轉，確切一點說，叫做物質條件反射論。物質決定意識，意識又反作用於物質。沒有物質的條件反射，意識就失去作用。前面我們已分析過，意識是可以自己作用於自己的，如自我反思等，他人的意識也可對我的意識起作用。康德的實踐理性，不是將理性放回到物質世界中去檢驗，而是一種靜觀，也即是意識對意識的作用。意識並不一定要反作用於物質不可。

唯物辯證法是對自然界的反思，是向自然界宣戰的學說，它是認識自然、改造物質世界的銳利武器不錯，但它決不是改造人類精神境界的良方。因為它沒有「思想的思想」，亦缺乏自我反思——意識反思意識的機制。它可以稱作是科學的，但不是玄學的。他的學說，已排除在「思想的思想」的形而上學範疇之外。如若要冠之於辯證法，則它的辯證是不徹底的，是半吊子辯證法。

馬克思主義唯物辯證法，對於形器的辯證認識是科學的，但一指涉到人的精神或形而上的理型，則是屬於「詭辯派」的。他的哲學思想是向外發展的，他的意識功用也是用來反作用於物質的。他的實踐論也是以回到物質世界為依據，他以達到改造物質世界為目的。他的學說，最缺乏人類精神文明賴於需求的玄學部份：宗教、藝術、冥思、自由以及永恆等人類存在價值問題。他的哲學，是屬於「格物知物」的範疇，對中國儒家「修身養性」的內修哲學則是缺乏的，它無助於人的道德修養，亦無助於提高人的精神境界。他是以「物性」為本的哲學，而不是以人性為本的哲學。唯物辯證法應屬於格物知物的邏輯學，不應屬於形而上的道德學。

十、關於黑格爾的否定之否定

否定之否定，是黑格爾學說最「精華」的部份。他認為事物在矛盾的對立統一中不斷發展，經過否定之否定的不斷揚棄，最後達到「絕對精神」。

威廉・文德爾班（Wilhelm Windelband，1848-1915）對黑格爾的評價認為：「黑格爾哲學本質上是歷史的，是對整個歷史思想材料的系統改造。」[1]

黑格爾將肯定、否定，否定之否定的辯證關係放在人類歷史長河恢弘的框架上，進行抽象的否定之否定，從量變到質變的揚棄，來闡述他概念之間系統的組合：第一階段的主觀（個人的）精神；第二階段是法、道德、國家和歷史的客觀精神；最後階段是藝術中的直觀、宗教中的表象、哲學史中的概念的絕對精神。黑格爾的「否定之否定」，似乎解決了康德

1 文德爾班，《西洋哲學史》，台灣商務印書館，羅達仁譯，一九九八年八月初版第一刷，頁六八四。

的「物自體」不可知論，經過他的否定之否定的揚棄後，最終他獲得了「絕對精神」。我們不管黑格爾如何辯證得天花亂墜，所謂事物發展螺旋式上昇是自欺欺人的。從二個方面可看出黑格爾「絕對精神」的不可能：一、辯證法的矛盾論。事物不斷發展，矛盾無處不在，無時不有，就是說矛盾沒有終極。矛盾沒完沒了，何來絕對？二、從康德的四大悖論來看，否定之否定根本沒有解決這個問題。無論你如何說人類從古至今，世界宇宙很多奧秘都被認識了，但只要還有未知，康德的「物自體」不可知就有效。這個所謂的「絕對精神」就只能是相對精神。黑格爾兜了個圈，還是回到康德的原點：「物自體」可以認識了嗎？這個問題還是懸而未決，認識還沒有止境。你不能畫了一個圈圈或打一個括號就說，看，人類從刀耕火種，到今天火箭上天、電腦的神機妙算、原子能的發現等，來充塞這個圈子（黑格爾的總體），就宣佈說世界是可以認識的，就說康德的「物自體」是荒誕的。但如果你跳出這個圈子，反問一句：世界已經全部認識了嗎？認識已經到了頂點嗎？答案是否定的。至今人們的認識還沒有完結，未知還存在，那麼康德的「物自體」還在管用。馬克思歷史唯物主義者也搬來黑格爾的否定之否定論，不過他把黑格爾的三階段精神辯證法改為「實踐論」。他們認為人類總體的社會實踐已經證明世界是可知的。人類通過實踐，不斷認識相對真理，而這個相對真理不斷向絕對真理靠攏，接近絕對真理。這種論調，與黑格爾同出一轍，並無新東西。可笑的是，中國有一個研究康德的專家李澤厚，他對康德的「物自體」解釋得清清楚楚，並對康德的四大悖論也作了詳細的論述。但不知他是故意，還是一時糊塗。他竟搬出馬克思的實踐論來證明可以解決康德的「物自體」。他說：

人的認識通由實踐的檢驗不斷地日益符合客觀對象，即通過實踐，人是可以獲得客觀真理的認識的。所以，不存在什麼可望而不可即、可思而不可知的「物自體」（理性理念），而只存在著不以人們意志為轉移而獨立存在、可以通過實踐而為人們認識、不斷發展變化著的客觀物質世界。康德「物自體」的第一（作為感性來源）、第三（作為絕對真理）兩層涵義應該在唯物主義實踐論的基礎上批判地統一起來。[2]

2 李澤厚，《批判哲學的批判——康德述評》，三民書局，民國八十五年九月初版，頁二八七。

康德已指出理性的侷限性。李氏通明康德所說的「物自體」，他竟用馬克思的歷史唯物論、實踐論來批判康德的「物自體」，說實在話，黑格爾的精神辯證法，在他所謂否定之否定的揚棄後，他將他的「絕對精神」歸結為藝術中的直觀、宗教中的表象以及哲學史的概念還可以免強接受，因為唯心可以生出絕對精神。「率性之謂道」，人的意識可以對物予於虛無從而達到絕對精神。而馬克思的唯物主義，強調世界是物質的，又說物質是不斷運動和發展的，而且物質是可無限分割的。這樣，意識對物質是無法窮盡的。無法窮盡它，就不可能有絕對。以此來說，馬克思唯物主義根本解決不了康德的「物自體不可知」的問題。黑格爾的精神辯證法及馬克思的唯物辯證法，看似無所不能，無所不知，實質上他們的「絕對精神」或「絕對真理」也只不過先畫一個圓圈，經過否定之否定的辯證，用邏輯三段論來將東西填進這個圈子（最高目的之絕對精神），以為這樣看起來就圓滿了，就可以解決「物自體」的困境了，這是枉然的。

此外，我認為康德的「物自體不可知」在認識論有一個好處：就是它主使人不斷地認識下去，認識無止境。假如人用理性認識可以達到絕對的精神境界，認識就終止了。這在人類世界來說，是很難想像的。黑格爾、馬克思們打破了康德指出理性有其侷限性的警告，看似超越了康德，實則證明康德有先見之明。康德對純粹理性的批判，其用意就是警告人類不可越出其理性界限。馬克思主義「不僅要認識世界，而且要改造世界」的唯物辯證法，已將理性變成為一匹脫繮的野馬，四處奔跑，毫無顧忌，不僅向人類賴以生存的大自然不斷索取，而且還要向人的頭腦開刀，改造人類社會，要與傳統社會徹底的決裂。其流行一個多世紀的「實踐」證明，已完全失敗。

我們還必須指出，黑格爾的否定之否定論是有違矛盾論的。在一個統一體中，矛盾只是互相轉化，沒有揚棄到絕對的問題。如，我們不能說陽光戰勝了烏雲，或說烏雲戰勝了陽光，因為它們都在一個統一體中。有時陽光驅散了烏雲，有時烏雲遮住了太陽，它們都存有在一個統一體中，消滅或說生存都是相對的。有些政治人物，為了號召人們起來鬥爭，說，「善良一定戰勝邪惡，正義一定戰勝歪理，雖然我們暫時失敗了，但勝利終究是屬於人民的，真理最終獲得勝利。」等等，其實，這是政治人物的口號，並不是哲學的辯證。以辯證法的矛盾論來說，有善良就有對立面的醜惡，有正義就有對立面的歪理。事物不斷運動和發展，矛盾就無處不在，無時不有，正、反兩方面的東西就永遠存在。還是中國古老的《易》展現得好：陰陽互相轉換，有時陽多，陰就少了；有時陰多，陽就少了。但不會是陽徹底戰勝陰，也不會是陰徹底戰勝陽，物極必反，「絕對」是沒有的。儒家對處理事物的發展，採取一種「中庸」的態度，也就是在矛盾的兩個對立面中，採取不偏不倚的中間路線。儒家這種處世方式，雖然沒有西方形式邏輯的理性思維，沒有對事物抽絲剝離的推理、判斷、綜合、統一、概念。但其對事物發展的規律，竟能拿捏得恰到好處，中國人的哲學覺悟，值得信奉達爾文主義進化論者們深思，弱肉強食、事物以螺旋式上昇不斷發展、世界總是不斷向前發展的。在這種理論下，人類互相敵視，互相殘殺，並對其賴於生存的地球不斷索取。目前人們已清楚地看到，世界不是不斷地向前發展，而是快速地沈淪。所謂的發展，也是以後退為代價的。以黑格爾辯證法的矛盾論來解釋，也是恰當的，一個矛盾包含兩個方面。有上就有下，有發展就有後退，有上昇就有下降⋯等等，又根據物質的不滅定律，物質不可能被消滅，它只是轉化成另一事物，以此來說，在一個宇宙統一體中的物質，矛盾的演變就像中國八掛圖裏的陰陽魚，不斷互相轉換，有進就有退，如果說有螺旋式的上昇，也是暫時的，不是象黑格爾說的不斷「揚棄」後達到「絕對」。中國現代史的演變，就說明這個問題：中國近代社會的發展不是螺旋式上昇，不是向前發展了，而是倒退了，「文化大革命」到了極致，致使中國倒退到奴隸社會。螺旋式上昇在黑格爾的「精神辯證法」裏有可能，但作為一個人類世界的宇宙法則，則是錯誤的。中國人的「中庸」智慧，其高明就高明在這裏：中國人知道不可能徹底消滅矛盾，只能在矛盾的雙方取得平衡，以求達致生存的最佳境地。所謂的「天時、地利、人和」，就是抓住中庸之道。

黑格爾先畫了一個大圓圈，將歷史發展總體放進去，然後用矛盾論，從無到有，不斷發展，否定之否定，螺旋式的上昇等裝進這個大圓圈，最後揚棄出「絕對精神」。這個總體發展決定論，是非常荒謬的。我們試問：黑格爾已尋求到「絕對精神」了，認識不是已經終結了嗎，為什麼今天我們還在不斷地認識呢？還承認世界、宇宙有許多不解之謎呢？顯然這說明我們還沒有抵達「絕對精神」的彼岸。沒有知曉彼岸，我們如何否定之否定出一個「絕對精神」來呢？這個「絕對精神」，可以說是杜撰出來的。黑格爾與康德唱反調，他認為「理性思維是無限的」[3]，試圖將理性抬上萬能的地步，由此揚棄出絕對精神來。我們就承認思維本身是無限的來說，也造就不出「絕對精神」來，因為無限決不可能生出絕對來。無限本身就意味著無絕對。黑格爾的辯證法自我陷入一個悖論還不自知，他的理性思維無限性，就如同人們常說的一個悖論：「既然上帝是萬能的，祂能否造出一個祂搬不起的石頭？」既然理性思維無限，他如何造就一個絕對？

馬克思主義者拾起黑格爾否定之否定的牙垢，亦設置一個「相對真理」和「絕對真理」之說。說所有認識的真理，都是「相對真理」，所有的「相對真理」都是「絕對真理」的一部份，相對真理不斷向絕對真理邁進，靠近絕對真理。但他又承認人的認識是永遠達不到絕對真理的彼岸的。實際上，這個「絕對真理」是不存在的，以唯物主義的觀點來看，物質是不斷運動和發展的，而物自體不可知，要尋求到「絕對真理」是不可

3 黑格爾，《小邏輯》，賀麟譯，商務印書館，一九八〇年七月第二版，頁九六—九七。

能的。既然這個「絕對真理」是一個空中樓閣，是一個海市蜃樓，那麼這個「絕對真理」是不真實的，是違背「真理」的原則的。如果「絕對真理」不存在，那麼「相對真理」就有問題了。為什麼這樣說呢？我們說真理就是真理，它是真的，不是假的，那它怎麼會來個「相對」的呢？如我們理解不錯的話，這個「相對」，就是相對於那個真正的「真」還有距離，還有不同。如這樣追究下去，這個相對的真，也不是真。它不是真正的真的本來面目。那這個真理就是假的了。我們舉一個例子，更能說明這個問題。

以前科學不發達，人們認為地球是正圓型的，而現代人經過多方的考察，証實地球是橢圓型的。唯物辯證法可能會說，前人認為地球是正圓的，是「相對真理」，因為它已接近橢圓這個地球的原貌。但是，正圓與橢圓是不同的概念，在幾何學上畫出的圖案也是不同的，正圓就是正圓，橢圓就是橢圓，兩者是不能混淆的。如果以唯物辯證法的「實踐是檢驗真理的標準」來說，正圓型根本就不是地球的真實面貌，因此它不是真理，橢圓型才是真理。但唯物辯證法不是這樣就完結了一個真理，他們還要把這個真理冠上一個「相對」，地球是橢圓型的這個真理是相對的，真理還是要發展的。如果一發展，後面的一定否定前面的，這樣，被否定的就不是真理了。而唯物辯證法的「絕對真理」是沒有彼岸的，它是一個未來無窮式，人類認識的真理，永遠是「相對真理」，那麼，這個「相對真理」是否是真正的「真理」，就令人迷惑了，因為我們永遠抵達不了「絕對真理」的彼岸。

我們從黑格爾的否定之否定看到，黑氏用抽象之抽象方法來求得絕對真理，也是意中之意。即有意識地畫一個圓圈，將所有的意識丟進去裝滿它，或說讓意識來個自轉一圈，就叫絕對了。記得以前學習馬克思唯物辯證法說到「否定之否定」時，有一個麥子理論：麥子種下發芽，否定它種子的身分，這是第一個否定；它成長到開花結果，否定它綠葉長枝幹的身分，這是第二個否定；最後，麥子成熟了，它又回到麥子種子的身份。這就是黑格爾否定之否定的圓圈學說。但我們將時空打開來，將宇宙無限打開來，將康德的「物自體」攤開來，黑格爾的絕對就不存在了。

十一、真理論

我們討論了物質與意識的關係後，必然要談論認識的真理問題。這是人生價值評估問題，對我們如何通往天人合一之路會有幫助。因為只有我們知道所謂的「真理」都是相對的，人用知識去求得絕對真理是不可能的，這樣我們才能放棄知識，做無為的「損無」功夫。

馬克思主義的唯物辯證法認為，真理是客觀事物及其規律在人們意識中的正確反映。他們將真理分為「相對真理」和「絕對真理」兩種。上面我們已對此兩種真理做過分析，由於「絕對真理」的不存在，所謂的「客觀事物及其規律」在人的思維中是否能「正確反映」就成為問題了。因為物質的無限可分，又因它的不斷運動和發展，意識不可能抓住物質的「真正本質」。康德早就指出，我們認識的只是物質的「現象」，物自體是不可知的。而唯物辯證法偏要能耐，弄出個不能証實的「絕對真理」來。這個「絕對真理」，與唯心主義說「上帝是絕對真理」是一樣的。上帝是怎麼樣的？如何證明祂的存在？……等等，我們的理性根本抵達不到上帝的彼岸。但唯心主義者比唯物主義者聰明：他們知道心可以包含萬物，可以囊括整個世界及至整個宇宙，當然也可以將上帝、或神靈安放於心中。因此說，唯心主義儘管不能用理性證明神的存在，但其用心靈可以感受神的存在。這就是康德為什麼他的實踐理性從理性回到知性、感性的原故。唯物辯證法看似很實在，唯物而論，但碰到真理問題時，這個「真」就出問題了。如何「真」？怎樣才算真正的「真」？唯物辯證法只能用無法求到真正的「絕對真理」來搪塞，無論你求證到多少「相對真理」，但永遠填不滿「絕對真理」這個圓圈。如此說來，「絕對真理」就是一句廢話。反過來證明「相對真理」也就不可靠了，它的「真理」程度也就有問題了。哲學家孔德認為沒有「絕對」，只有「相對」。而以辯證法來說，如承認有「相對」，那麼就有「絕對」。但實際上還是相對，因為辯證的沒完沒了就如幾何學的兩條直線平行沒有相交，永遠達不到「絕對」。

曾經有人說過，「初識哲學的人否認上帝，不信上帝，而深通哲學的人則返依上帝。」他是否在感嘆，在「真理」一詞面前，無能為力，根本無法抵達真正的「絕對」的彼岸，只能以「上帝」來解結呢？

有關真理的問題，一些哲學家是這樣表達的：

「真理是理念與經驗事實相吻合。」

「真理是理性與事實相符。」

黑格爾：「凡是合乎理性的東西都是現實的，凡是現實的東西都是合乎理性的。」[1]

也就是說，凡是流行的，便是合理的，凡是合理的，便是真理。黑格爾更認為有客觀思維、客觀思想，以此為其絕對精神打保鏢。我們說惡也是現實的東西，這現實是否合乎理性呢？但黑格爾否定惡合乎理性，看來黑格爾的辯證法也是不現實的。

近代美國的實用主義者認為凡是有用的，它就是真的，或說它是真的，因為它是有用的。真理就是觀念與經驗圓滿地聯繫起來。他們的真理

1 黑格爾，《小邏輯》，賀麟譯，商務印書館，一九八〇年七月第二版，頁四三。

觀，有點類似工程師的圖紙實踐：工程師先畫好一個圖（設置一個觀念）然後按圖實施（經驗過程），這個工程造就出的成果與工程師設計的圖案一模一樣（與觀念相符）。這個「觀念」實現了它的「意義」，因此它便成為真理了。但我們來個詰問：一個小偷，先做好一個計劃，把一個如何進入偷竊銀行的路線圖畫好，然後按照這個計劃行事，他成功了。這個觀念與與經驗圓滿地聯繫起來，是不是真理呢？

以上例舉的真理觀，其特點是：理念一定要有經驗後才能確定其為真理。沒有經驗，就沒有真理。其實，唯物辯證法的「實踐」檢驗真理的過程，也是一個經驗過程，與皮爾士、詹姆斯他們的實用主義的經驗論大同小異。但列寧特別反對經驗主義。這可能與他們反傳統有關，馬克思主義要與傳統徹底的決裂，因為傳統就是經驗留下的東西。所謂的科學，不就是實證之方法論嗎？沒有實證，從何說真理呢？

儘管說經驗後的觀念成為「真理」有了一定的依據，但因為理性有其侷限性，加上經驗受時空的限制，認識的因果律無法追溯到最後因子。真理就引發許多爭議了。回教徒說阿拉是真理，基督徒說耶穌是真理，佛教徒說佛才是真理。在資本主義國家裏，統治者說資本主義是真理；而在社會主義國家裏，統治者說社會主義才是真理。眾說紛紜，真是公說公有理，婆說婆有理。

為了能進一步把「真理」這一詞用得恰當一些，解決康德理性偪限性所帶來的爭端，我們的真理觀只能從時空入手，以時空觀念解決真理問題。因為人認識事物，莫不在時間、空間中，沒有時空作為因果練的意識形式，我們就無法認識事物。不同的時空，其認識的結果也是不同的。如你說你的體重是五十公斤，可是你到太空上秤，可能只有一兩斤。這是空間的不同而得的結果不同，若我們說凡石頭都有重量是真理，不問空間，那可能就錯了。至於現象事物在時間中的千變萬化，與我們的真理觀念更是不可分割。過去我們認為是真理的，今天我們說是錯誤。因此，我們借助英語語法的時態觀念來對真理做出分類，對人類或許更有意義。今得出如下三種類型真理：

（一）一般時真理

一種常識，用知性的概念就可以證明的，它不需要經過理性思考。如1＋1＝2，三角形內角和等於一百八十度等，人生老病死是自然的規律、太陽從東方昇起由西方落等，我們把這些經過無數次經驗證明的知識定為「一般時真理」。這種真理，也有人叫「常識」，它基本上是人類公認的「現象事物發展規律」。所謂的一般時，就是它在時空的常態下，所表現的「真」。如我們說「鐵是堅硬的」，它是「一般時真理」；如鐵在高溫的情況下，說鐵是堅硬的，它就不是事實了，不是真理了。一般時真理在人類社會裏具有普遍性。

一般時真理不須理性證明。一般時真理只有在常態時空適用，特殊時空無效：如我說這塊石頭五十公斤重，是在地球地面秤得的，若在太空中秤，就不是五十公斤了。

（二）完成時真理

經過理性思考得出的理念，此理念與實踐相吻合。現時繼續有效，發揮它的功用。科學成果亦屬完成時真理。

（三）過去時真理

這種真理曾經經驗過有效，但現時已失效用。

就三種時態真理觀來說，一般時真理具有守常性、規律性、不變性；過去時真理具有歷史性、參照性、特定性；完成時真理具有現實性、連續性、功能性。

所謂時態真理，它不是永恆不變的，它在時態之中，只是相對而言，沒有一個真理是絕對的。一般時真理和完成時真理也會轉變為過去時真理。因為人的認識，都在時間、空間中把握因果律，物質的作用也在時空中運動變化，而時間和空間又是無限的。就思辨的範疇來說，認識絕對的真理是不可能的，我們可以將一切榮耀歸於上帝——上帝是絕對真理，但這已不屬於思辨的認識論範疇之內。

有人又將真理劃分為現象真理和價值真理兩種，現象真理為認識物質世界所得的理念；價值真理為人生的價值理念。前者為理性經驗論，後者為實踐理性論。也有人稱為客觀真理和主觀真理。但無論如何畫分，事物總是在時態中運行的，不如以時態觀來看這個人世的真理。

以時態作真理如是觀，使真理的面目更清晰、更明瞭。那些形形色色的理論家們、自稱佔有一切絕對真理的獨裁者們，不管他們多麼狂妄自大，如何自稱掌握了全部真理，都不過是在時態運作中的「真理」。所謂的真理，莫不在時間、空間中。而物質給人的意義，也在於它的作用。物質作用的本質，也在因果律中展現，也就是說在時空中進行。

以時態說真理，符合康德說的我們人認識的都是現象，不是物自體本身。人的感性直觀，是以空間、時間為形式的。這種真理觀，就很能描述、切入這個現象世界，它沒有絕對真理。康德作《純粹理性批判》就是要打破獨斷論和懷疑論的詭辯。我這個時態真理說，也就是要消除獨斷論獨霸真理和懷疑論否認真理。目的也是想將真理界限在認識範疇之內，即時態下的真理。

十二、儒學與西方哲學略考

對於真理我們做了一個簡略的論說後，我們來看看中國儒學與西方（歐美）哲學有那些同異。

關於中國儒家哲學與西方哲學的同異，很多學者認為，中國根本就沒有哲學。持這種觀點的人認為，中國文化（主要是儒學）沒有發展出一套象亞里士多德那樣經過理性思辨的形式邏輯學說。如以此科學來分類，說中國傳統文化沒有哲學大體上沒有錯。墨家的思辨，也說不上理性的思辨，大概說得上是知性的思辨。但哲學的定義是什麼？以通常的說法，哲學是關於世界觀的學問，即「是對宇宙觀和人生觀一般問題的科學論述」[1]。

以此來看，則不能說中國傳統文化沒有哲學。中國的傳統觀念，有一套對宇宙、人生的看法。說中國的儒學沒有本體論我看是不對的。儒家對「天」的頂禮膜拜，對天的敬畏，其實就是一種宗教信仰，視「天道」為

1 文德爾班，《西洋哲學史》台灣商務印書館，一九九八年八月初版，頁一。

不可違逆的最高人生道德職責，遵循「天道」而行就是「至善」。中國人的「天」，可以說等於西方的上帝。有人說東西方的價值觀念不同，在於西方的人不能超越上帝，而中國的儒學，人可以修練成聖、道家可以修練成至人、真人，看似超越了上帝。實際上中國人的「神」與西方基督教的「上帝」不同。上帝是創造天地萬物的主宰，而中國人的神或佛，不是天地的創造者，他是與天地為一者。以此來說，中國人的「神仙」，大概等於西方的「天使」。而「天」才說得上是上帝的角色。當然儒家的天與上帝的概念是有不同的，上帝是有格位的，祂有人的形象，而儒家的天沒有這些。但兩者所扮演的角色則大同小異。人違天道，必受天譴，這與犯罪必受上帝懲罰沒有多大差別。基督教說人不能超越上帝，其實儒、道兩家也不能說人可以超越天道是一樣的。人若超越天，那還了得？人只有與天合而為一，基督教亦說人上到天堂後可以與上帝在一起。

實際上，中國的哲學與西方的哲學，其面對的問題和思考的問題基本上是一致的，只是發展的方式不同而已。中國的儒學認為，「人之初性本善」，（與西方的原罪說相反）人的成長是好是壞？後天的發展能否不離道統很重要，固人要注重對自己的修練、反省。可以說，中國人在求知時，就開始學習德性，在修心養性達到一定的境界後，才能以己度人，以己達人，向外發展，最後達至「至人、聖人」的人生最高境界。儒學是先設置一個「天命性本善」作為人的基礎，不斷向此修善，最後回歸天命。因此儒家說人本來就有這個善本能，是因為這個世界萬物並作而使人忘了這個本，亂了這個根才會出現人世的罪惡的。故要往內修找回這個根本——天命。而西方基督教則認為人一生下來就有罪惡，只有向外界的上帝求救才能免赦其罪。故其哲學向外去追尋。從感性、知性開始去考問世界、認識世界，考察到理性後不通了，才轉過頭來反思倫理道德、反思人與上帝的存在等。康德的實踐理性，不同於馬克思的實踐論，他不是將理性理念放回到物質世界去檢驗，而是一種靜觀的反思。將理性所得的理念作目的論的靜觀。即回到知性、感性中去。康德這個實踐理性，與儒家的「反諸求己」，作「誠」是很相類似的。牟宗三先生認為：「西方哲學是分解的盡理之精神，是理性之架構表現；儒學是綜和的盡理之精神，是理性之運用表現。」[2] 其實也不盡然，如依牟先生的分析，康德雖然不承認人有智的

2 牟宗三，〈歷史哲學〉，《牟宗三集》，群言出版社，一九九三年十二月第一版，頁一七九—二二三。

直覺（如依康德對智之定義，則智不可能有直覺，其純粹理性批判就指出理性的侷限性。若說聖人悟道那個「天人感應」的覺也叫智，那與康德所說的那個智是不同的。我以為叫「慧」為妥些，因西方哲學家已將智與理性捆綁在一起，智上升到理性就到頂了。），只有透過上帝才能抵達最高的至善。

但康德這個實踐理性靜觀，與儒家做道德的形而上學的「俸天、事天」方法論也沒有多大的不同，康德這個實踐理性也是由外轉而往內翻的靜觀，以我看就是綜和的盡理之精神表現。康德已盡一切理性而綜合，知有上帝之存在，與儒家踐仁知天是一回事。我們人雖知有上帝存在，但上帝是否來眷顧你，你是否能得和上帝在一起是另一回事；儒的踐仁也是如此，你雖知有一個天道，但你是否能與天合而為一、得天道則是另一回事。固說知有上帝之存在與知有天命之知，是不可知之知。什麼是不可知之知呢？就是說，我們的理性推定有一個萬能的上帝或有一個生萬物的天道，但它如何為何我們的智則不得而知（康德的「物自體」就是不可知之知）。就是說我們的智不能抵達它的彼岸。儒學的踐仁行中庸之道所作之目的論也只是康德的實踐理性。康德沒有聖徵之說（他將此交給上帝），而儒、道兩家有聖人、至人之說，即人可以抵達天人合一之最高境界。但聖人、至人得道，那是在無為、無思之後，即儒家說的聖人無體。此一從智之存有進入無，完全是兩回事。老子的道是頓悟得來的，與康德說上帝是否眷顧你得到最高的善有相似。道不是說你入無為後就得到，而是入無為後才開始悟道，而且能否得道，它是突如其來，無前提預設的。一些人以為聖人無體，他也做無體：無思、無為，以為就可天人合一了。這種能說得出來的無體，還是有前提預設的。中國的哲學界常有這樣的言論：說人不能超越上帝是西哲的一個缺陷，又說中國的儒可以修成聖人、佛家可以修成佛、道家可以修成至人等。此實則是我們人只看到上帝人格神的一面，而忽視其是宇宙萬物創造主的一面。即上帝亦有我們「天道」的一面。既然我們的聖人、至人、佛也超越不了天，當然西哲的人也超越不了上帝。上帝這個角色，遠大於中國人的神仙、佛主、聖人等角色。我們別忘了，西方的上帝是造物主，與我們的「乾坤」生萬物有同樣角色。

牟宗三先生在其「判教論」上判基督教是離教，儒、佛、道都能達聖、涅槃、至人而圓，是為圓教。但佛、道兩家是偏圓，唯儒家為正圓。

我初讀時覺得有些費解：圓就是圓，何為有正、偏之分？真理就是真理，不可能有正偏之分。細讀之後，原來牟先生所說的，是質佛、道兩家不作儒家的道德形而上學論，即牟先生所說的「創生」論。儒家講生生化化、率性順天命抵達聖人境界而圓。而佛講「空、寂、清淨心」等來掏空自我，從而抵達涅槃境界；道也是講「損」、「無為」來抵達至人境界。這兩家都沒有儒的「創生」論，說明白點就是沒有儒家的入世哲學內涵——道德論。但牟先生證得「聖人」境界時，與佛的「涅槃」、道的「至人」境界是一樣的，都是「無體」，即不可言，又不可以訓。他又引用古人羅近溪的話說：「真正仲尼，臨終不免嘆一口氣，即依此義，說聖人之悲劇。」[3]

既然聖人境界不可言，不可以訓，那聖人是在無體、無象的「無無」（莊子的「自然之無有」）境界中。即是說，我們不能理解他。那麼佛、道所言掏空自己、無思、無為方可進入涅槃或說悟道就不是什麼偏門而是正法了。以此說之，則儒家在征聖的路上所作的道德形而上學是多餘的。因為在作聖道時，必定要進入空無、寂然的狀態，不能有半點的存有論，儒家作那些道德存有論不是多餘的嗎？道家說，「為道日損」，你偏偏

3 《牟宗三集》，群言出版社，一九九三年十二月第一版，頁二九一。

不聽，要日日「學而時習之」，要「反諸求己」，要作「熊掌與魚」、「生與義」所欲求的選擇。到最後，你發現要抵達聖人的境界，這一切還是要丟掉，還是要損去，不得不作「易，無思也、無為也、寂然不動」（《易・繫辭傳上》）的功夫。說句不好聽的話，這叫做「脫褲子放屁——多此一舉」。故莊子批評儒家自作多情、為「天刑」所累是有道理的（《莊子・秋水》）。[4]

後儒們將先前聖人所說的「天道」與人的道德論混攪在一起，索性而論，做的就是朱熹「以其人之道，還治其人之心」的功夫。實則這個功夫不是那個功夫，完全錯置了。我們從《周易》所說就可以看出：乾坤成了後，就有了一陰一陽兩氣出來相蕩了。「一陰一陽之謂道」，「乾坤成列，而《易》立乎其中矣」。沒有一陰一陽之道，乾坤就毀了，人世的一切就不能成立了。固我們這個地球的萬物必含有一陰一陽之性，包括我們人類。所謂男女、夫婦；所謂的善與惡；所謂的誠與偽等等，一切都處在既對立又統一的矛盾狀態之中。這樣說來，在存有界來說，人的本性必然是性二，而不是性一：即有善有惡，而不是只是性善。而天命的「善一「，

4　《莊子正宗》，華夏出版社，二〇〇五年一月北京第一版，頁二六六—二八九。

也不是我們人類所講存有論的善。這個善，以《周易》索上而推，那最高的善——天道就是陰陽兩氣合而為一的乾元。這個善是一，這個「一」是什麼呢？在人的存有界不可能求得，我們要徵得成天命，必越陰陽二氣而上乾元求索，這就要求我們放棄陰陽兩氣之性二為一，這個一的功夫就是作「無」。只有達「無體」後，才能悟與天合而為一。作「中庸」之道我以為還是有，這種「中庸之道」還是有選擇的：國家有道，我就出來做事，國家無道，我就退隱養身；熊掌與魚不可兼得時，我就捨魚選要熊掌。這有選擇的叫「盡性」嗎？盡性是全都實現。我要熊掌與魚，兩樣東西都得才叫盡性，二選一總還是有遺憾的。有遺憾則不能全，不全則不是天。「中庸」所作，也只不過是一種道德責任制。最終要達聖人境界時還是要放棄一切存有，作「無體」的功夫。這個「無體」功夫與儒家講作為功夫完全是兩回事。故我說儒學與黑格爾的否定之否定作圓圈的絕對方法論相似：將一切人認為好的東西都裝進這個「性」圓圈裏（黑格爾亦認為惡是不符合理性的），順性而發，就可抵達「天命」。我們以《太極圖》的陰陽魚來做道上觀：就很清楚儒家講的道是怎麼一回事。吾人要悟道，一是跳出陰陽魚的圓悟道，這就是我上說的超越陰陽二氣而悟乾元的一；二是站在陰陽魚圓的正中不動，作「中庸」的悟道。前者超越了存有界的陰陽魚，當然是作無體的功夫才能悟道。而後者站在陰陽魚中央不動，使自己處於陰陽相半的位置，亦可說不陰不陽，無矛盾的狀態來悟天道。但你一有所動，不是陰多，就是陽少；反之亦然。有一動就不可能做到無矛盾衝突。故《易・繫辭傳上》說：「無思也，無為也，寂然不動……」[5]是此道理所在。你不能有所思，有所為，有所動也。其與跳出陰陽魚圓外悟道同是作無體的功夫。此可見作十字打開的道德論與悟道的方法不同。十字打開，有所思、有所為，就有陰陽的矛盾相對了。故說悟道功夫與作道德論功夫是不同的。

我對儒家的聖徵有過迷糊，儒的聖徵天道，亦有「無思也、無為也，寂然不動，感而逐通……「體無」功夫，何以其又可講生生化化的道德存有論而無老莊的損無功夫？我們不能懷疑孔子「七十從心所欲，不逾矩」是假的，亦不能懷疑孟子的「君子之深造以自得」的「左右逢源」境界。儒的作誠、盡心知性，以此徵得「天道」是說得通的。其聖人無體竟能與

5 《周易正宗》，華夏出版社，二〇〇五年一月北京第一版，頁六三一。

有體的道德論相通？其何方神聖，竟能化有為無、將無生有？直至我讀了莊子所說的「江海之閒」後，[6]才恍然大悟。儒的聖徵境界只是「江海之閒」，即將所有的外物——客觀表象都裝進我這個心的大海裏，我就做到不動心這個「江海之閒」了（多少水流進大海都不會滿溢）。實質其是在形而上之無境界，並不是老莊所講的自然之「無無」境界。儒的「天道」與老莊的「道」是有區別的。以我來看，儒的聖徵，是退回到《太極圖》陰陽魚正中央悟道，他在那個地方剛好是陰陽相半的位置，正好陰陽不能對他沖蕩，即處在無矛盾的狀態之中，也可說是處在靜虛、寂然的狀態中，但因其還是在陰陽魚的圓圈內，其人尚處在陰陽萬物之中，故其可作「仰則觀象於天，俯則觀法於地，觀鳥獸之文與地之宜，近取諸身，遠取諸物」（《易・繫辭傳下》上已有引文出處）來徵天道。實則儒之天道與老莊之道大不同。老莊之損無，是無之無，超越陰陽二氣而悟道，即在陰陽魚外的圓圈徵道。所以儒做無思、無為、寂然不動時，確實是「自得」了，「縱心所欲」了，（沒有矛盾，處於絕對之中）。但他不是像老莊那樣做道損功夫，拋棄一切思為，與道一起運轉，故其道一定要「不逾

6 《莊子・刻意》，引自《莊子正宗》華夏出版社，二〇〇五年一月北京第一版，頁二五三。

矩」，稍有所「動心忍性」，有所作為，就受到陰陽矛盾的相蕩而離道本。其所謂「極高明而道中庸」的微妙就在這裏。也可以這樣說，儒是將萬物收凝於我心中（孟子：「萬物皆備於我。」）而得天道的；老莊是將萬物拋棄（包括忘我）而得道的。此兩者之大不同也。莊子在其〈大宗師〉一文裏，借孔子之說把儒家之道與道家之道不同說得非常清楚：「彼遊方之外者也，而丘，遊方之內者也。外內不相及，而丘使女往吊之，丘則陋矣。彼方且與造物者為人，而遊乎天地之一氣。」[7]儒是「遊方內」，在陰陽魚內徵道，其最高境界為「自得」。而老莊是「遊方外」，「忘乎物，忘乎天，其名為忘己。忘己之人，是之謂入於天。」[8]老莊是在「陰陽魚」外悟道，不僅無「自得」，而且還要「忘己」，其最高境界是「入於天」。

我們對儒、道兩家悟道做一簡略分析後，再來看中西兩條發展哲學的道路不同，其得出的效果也不同。中國哲學缺少理性思辨，沒有發展出發達的科學精神，科學相對落後於西方。西方哲學有了理性的邏輯思維，將人的思辨能力發展到了極致，促進了科學的發展。但正因為這個理性無窮的誘力，使人無法爭脫理性的枷鎖，終將受理性所蒙蔽，理性的欲望是

7 《莊子正宗》，華夏出版社，二〇〇五年一月北京第一版，頁一一八、一九七。

8 《莊子正宗》，華夏出版社，二〇〇五年一月北京第一版，頁一一八、一九七。

要挑戰這個無限的宇宙世界，探究出它的奧秘，問個水落石出。但這個無限的宇宙世界，怎麼有此可能？因此就形成了二律背反，人獲得絕對自由或打破砂鍋問到底是不可能的。就我們退一步來說，以康德的理性批判，從理性回歸到知性、感性中去實踐道德律令，以達到「至善」為目的，得到人生的絕對自由。但這個「實踐理性」雖然說是「靜觀」，還是有所「思」的，有所執的，他所執的道德律令雖是形而上的，不是一個具體的對象，但他這個觀念也是他思的對象。他形成一個理性觀念後，然後將他的知性、感性來對此作目的論的直觀、認知，其意識還是有意向性的。人生就是要「思」，笛卡兒說「我思故我在」，這個「思」伴隨著你的一生，你無法擺脫它，你一思，肯定意有所指，這個「所指」就是對象。有了對象，你就與這個世界發生矛盾了。可以說，有意識就有矛盾，因為有所思就有所相。有矛盾的人怎麼能獲得絕對的自由？儒學對天命作形而上的道德觀，我以為還是走不出康德的實踐理性範疇：我們看儒論天道，看似無執、無相的存有論，但其將天命下達到人性、萬物之情而論，這個天就有所執，有所相了。不過他是將不可知之知「天道」來上下作論的。當他說道德時，說人性善是從天道上來的，萬物都是由乾坤生的。但說到天道時，又是無聲、無臭、無象的。這明顯是執天道存有而論，與基督教論上帝沒有多大差別——將不可知之知來個闡述，即做目的論的靜觀。

由於理性的侷限性，它不可能證明上帝的存在，因此西方哲學走到理性的盡頭後，不是回歸到自然主義（如斯賓諾莎）就是走向神秘主義（如謝林）或獨斷主義（如沃爾夫）和懷疑論者（如休莫）。可以說，自康德宣布理性的侷限性和點出「物自體不可知」之後，西方理性哲學已走入死胡同。自康德後的哲學家，就開始兜圈子了：黑格爾是「圓圈」說，胡塞爾是「括號」說，他們都在理性內兜圈子，不敢越理性雷池一步。

在這裏我要指出的是，新儒家牟宗三先生所提出的「內聖外王」問題，牟先生認為儒學的「內聖」可開出現代的民主論來。而學者林毓生先生則批評這一論說：

> 我認為牟先生這一處方，是思想危機的一個面向，有點病危亂抓醫的味道。以我看來，牟先生是從人心性上來看問題，只要人心修正

了，都按孔孟之道行事，民主就自然形成了；而林先生則是從更寬泛的西方民主面看問題，民主不單是人心的問題，還涉及到社會契約、權力制衡等方方面面。[9]

牟、林兩氏都是現代中國的大儒家，兩人各有各的道理。現代新儒家們對孔孟之道的哲學內涵雖然詮釋出來了，但亦有人看不到它是的兩面刃劍：儒學主要是靠自我的內修，來達到「內聖」的境界。即自我的反思，自我的約束，自我的修心養性。他順德性而索，直通天命合而為一，就叫做「聖人」了。聖人已達知人、知天地、通鬼神的境界。就是說，不僅人的一切知識難不倒他，連天地、鬼神是怎麼回事他都清楚了。這個「聖人」在世界上就可「從心所欲」，自由自在了。但孔夫子為什麼要在他的「從心所欲」後面加了「不逾矩」三字呢？這就是儒學的厲害所在。聖人我們就不說了，假如一個人修練到「知人」的地步，但天不怕地不怕（還沒有達到「知天、通鬼神」的地步），他手中又握有世間的權柄，他「從心所欲」起來，誰人攔得住？中國出現「文化大革命」的慘烈就是一個例

9 林毓生，〈思想危機的一個面向〉，刊《讀書》雜誌，一九九六年十二月號。

子。儒學用什麼方法來阻止這種野心家的發生呢？即「行己有恥」。儒家是靠內在發展的自我修練來提昇道德的水準的，沒有基督教人一生下來就有原罪的神力束縛，從小就對上帝有了敬畏。而儒教不同，他要到知天命時才能對天的敬畏。這個「知人」而還不「知天」的時期，正是人生出世做事的作為階段，單靠這個「行己有恥」來約束自己的道德行為，未免太脆弱了點。故中國五千年的歷史，明君、暴君不斷交替上演，而產生不出民主來。這不是儒學的文化內涵不夠，而是它在道德修行中間期出現一個弱項。這就是儒學的「成也蕭何，敗也蕭何」的雙刃劍。

我們試想，中國的士大夫們學習修練到「知人」時，他對人性的弱點瞭解得是那麼一清二楚，但他又沒有修練到「知天命」的地步，對「天地」、鬼神無所畏懼。這種人在握有一定權柄時候，什麼事不敢做？什麼事做不出來？不說人對其無可奈何，就連鬼神也得退讓三分。現代中國人看到自己國家那些官員貪污腐化，無惡不作，說沒有那個國家有如此無恥之徒，因此就認為是中國的儒家文化不好；而另一些人看到中國的經濟突飛猛進，又說是儒家文化的優越。這種兩極化的看法，正是這個弱項文化的折射。明末清初的顧亭林，對儒家文化這個弱點看得最清楚，他說：

禮、義、廉、恥是謂四維，四維不張，國乃滅亡。……四者之中，恥為尤要，故夫子之論士曰：「行己有恥」。所以然者，人之不廉而至於悖禮犯義，其原皆生於無恥也。故士大夫之無恥，謂之國恥。[10]

目前中國大陸之亂源，乃士大夫層之「國恥」也。

此外，牟宗三先生的「內聖外王」說，若以儒對聖人得道解，我則以為，這個「聖」以達到孔夫子「從心所欲」的境界為聖的話，則「外王」是不存在的。一個人自由自在，在於他無對的「自我」（即「吾」），而「外王」則是「非我」的映射。兩者是互相對立的，除非聖者還是個入世之人，一個還有所作為的人。但一個有所作為的人為聖者——沒有紕瑕的人，這可能嗎？只要你有所作為，就有矛盾的對立統一，就是說，你在世間做事，總要有所判斷，有判斷，就有所謂的對錯與是非。有動機的人，不可能是完美無瑕的人。牟宗三先生的「外王」，如果我理解不錯的話，

10 梁啟超，《中國近三百年學術史》，北京市中國圖書出版，一九八五年三月第一版，頁五七。

大概是講「聖跡」。其聖有跡可尋。儒之成就，是人道之至極。

儒雖有外在的動力在作用，但其主要的意識作用是靠自我：自我反省、自我修練、自我約束。即是說，他思想他的思想，是意識對意識的作用。即將向外輻射的意識，收歸於我心中，也就是牟宗三先生說的「宗和的盡理之精神」表現。如用《太極圖》陰陽魚來表現，我則稱之為圓心學說。儒家是以我為圓心向外輻射來展現其人生價值的。中國有不少學者，認為儒學（主要是秦漢以前的儒學）精深博大，具有新的生命力，完全可以適應人類現代化的發展。以熊十力、梁漱溟、馮友蘭、方東美、徐復觀、牟宗三、張君勱、余英時、杜維明、林毓生等為代表，將孔孟為代表的儒學用現代語言詮釋出來，人稱「新儒學」。這些詮釋，給予人耳目一新的感覺。

而中國有些國粹學者，對西方哲學一知半解，則以為西方哲學是講理性的哲學，是向外擴張的哲學，欠缺儒學內省的精神。他們以美國霸權主義為例，說美國是理性工具主義擴張的典型，這種看法，我以為只對一半。西方哲學，雖然以亞里士多德的邏輯理論始建立理性哲學。但後來的哲學發展已很豐富，與儒學內省精神相媲美的哲學理論也不少。

我們來看康德的哲學，就是轉而向內反省的。他的實踐理性靜觀，對「道德律令」的自我約束，完全可以與孔孟的內省仁學相媲美，其內省的功夫是相當深刻的。我們從現代歐洲人的環保、人權意識就可以窺見到此種精神。孔孟那種儒家哲學內省精神，早被近幾百來歐洲人發揚光大了，康德的哲學發展就是一例。他的「實踐理性」、目的論及審美判斷力，與儒家的心性學說有一定的相通之處。儒家講盡人之性，盡萬物之性，從而達至人與自然的和諧、完美。孟子說：「盡其心者，知其性也，知其性則知天矣。」[11]而自康德以後，向內翻轉的哲學，也有更深入的發展。象德國哲學家胡塞爾，他對事物懸而未決的意識還原法，將意識一層一層地剝削，尋根問底，把意識的來龍去脈弄清楚，這可說是對人理性的一個最有分量的反思。後來者韋伯、哈伯瑪斯等，對理性也做了嚴厲的批判。

中國的國粹們，以為西方哲學只講向外發展的理性，而缺乏儒家哲學向內發展的修身養性內涵，實則是大錯而特錯。現代的歐洲，正在實行孔孟之道的「天下之禮」的文化，可說是來者可追。歐洲高度文明的表現，

11 《孟子》，智揚出版社，民國八十三年版，頁三四八。

如果說他們的文化哲學，沒有孔孟那種反思內省的修身養性內涵，他們能有如此謙謙君子之風嗎？況且人家上有上帝，下有民主法制，雙管齊下來限定人的思為，海德格、薩特他們講現象的顯現雖然赤裸裸，但其強調要保證個體自由情況下才有此顯現，即是說由民主社會制度來作此自由競爭的保證。

反觀中國儒家，其道德論就有點脆弱了，其雖有外在的天道監督人的思為，因天道畢竟沒有上帝人格化的直接威力。我這裏說的「直接威力」就是上帝是有形有象的神，對於執相思為的人來說，有直接的震懾作用；天道無聲無臭，無形無象，對於執相而思為的普羅大眾來說，不知天道為何物？其威力是間接的，其震懾力是柔性的。孔子對此也看得很清楚，其「行己有恥」、「知恥近乎勇」就知天道對人的報應是柔性的，只有靠你自己心中有恥來踐仁。它不像其他宗教那樣由神父、牧師、長老來直接宣判人的罪惡，只由天自行來懲罰你。儒教的道德約束力可見一斑。儒家若沒有佛教的互補，其道德約束力更弱，這是我的看法。那些國粹們只看到人家西方向外發展的理性哲學，而沒有看到人家也有如孔孟那樣深刻反思自我的哲學，而且人家正在流行這種哲學（環保、人權就是這種哲學精神的體現），而中國正提倡的「發展是硬道理」、「國家主權不容侵犯」、「一切以經濟建設為中心」等，恰恰是反孔孟儒家心性的外向型哲學反映，它與儒家講心性的哲學相去太遠了，更不用說道家的「無為」學說了，它相去更是十萬八千里。他們那種急功近利的科學萬能論，當視孔孟、老莊無存在。

我們對認識論的辯證法和形而上的儒學做了簡略的探討後，可以看出，唯物辯證法是在地上轉：將物質和意識糾纏在一起，做物質與人交戰，這只是老子說的「人法地」的工作而已，其並無「法天」的功夫，這是很顯而易見的。而儒家雖做「法天」的功夫，但其加入道德倫理學而論，其雖有「明天人之分際」，敬天、畏天，但無通天之路（無道損的功夫），只能說是「地法天」的功夫，而無「天法道」的功夫（以人的意識去法道），因其沒有老莊「損無」的功夫來悟道，我尚存體，與天不合，故儒是半天吊打轉而已。其人還是不能與天合而為一，人生之困境還是存在。

十三、人生之困境

康德的「物自體不可知論」有如一顆重鎊炸彈，在哲學界炸得人頭暈腦脹，後世的哲學家都想突破康德這個「不可知論」。黑格爾用「否定之否定」來解決，宣稱取得了「絕對精神」；而謝林則走向神秘主義；叔本華則用取消「生命意志」來找出這個「物自體」……康德的「物自體」及他提出的「四大悖論」，給人留下兩大哲學難題：一是如何證明上帝的存在？二是人是否可以獲得絕對的自由？由於康德的批判哲學已指出理性哲學的侷限性，認識須依賴於經驗才有所發展，這就使人陷入兩難的境地：一是人打破砂鍋問到底的天性得不到滿足；二是人類靈魂游離於表象世界而無處歸宿。

在西方哲學界，除少數的唯物論者外，基本上都承認上帝的存在，但如何證明上帝的存在？既拿不出知性的理論證據來。要麼說上帝的存在是自明的，是不需要知性證明的；要麼說上帝是超感知的存在，理性經驗不可能抵達祂的彼岸。還有的說上帝是無限的無限，是荒謬。這些說法，都很玄，讓人如掉入五里霧中。這就如我說有一個張三存在這個世界上，但他長得怎麼樣？在哪裏？我不說，我心中知道他的存在。這種不能用事實證明的說法，其實就是我們中國人說的「心靈感應」。但心靈感應是屬於個體的，它怎麼成了具有普遍價值的真理？正如非洲的拜物教，古埃及、古希臘的多神教，他們膜拜時，當然也有心靈感應，那他們也說他們的神是普世真理。這就造成「公說公有理，婆說婆有理」的局面。如當今基督教世界與伊斯蘭教世界的對立，情形就是宗教信仰不能用知性經驗去證明，一用知性經驗，就會出現二律背反，出現宗教的對立和爭論。就如康德所認為的：實踐理性的道德律令不能滲入經驗，滲入經驗就會出現二律背反。但人生活在這個感知的世界上，這個道德律令不可能不回到人間世界實行，否則它就失去意義和價值。那麼這個道德律令既然不能滲入經驗，它高於理性，人又如何定出它的律令呢？又如何界定它的德行標準？回過頭來它又轉換成是人為的，即又滲入理性經驗。

西方哲學家運用知性、理性，對哲學進行洋洋灑灑的論述，但遇到抽象又抽象的天——這個無限的天，或說神——上帝，他們就無能為力了。有的回歸到感覺主義；有的轉向到神秘主義；有的干脆回到自然主義；唯物主義者則干脆否定有神的存在，用物質來代替一切。我們看看哲學家的困境。

康德：「物自體不可知。」雖不可知，但我們不能否認它的存在。這個「物自體」後面的存在，就是上帝。上帝是存在的，但用理性不可能證明祂的存在。中國哲學家馮友蘭也說過類似的話，他說：「哲學，特別是形而上學，是一門這樣的知識，在其發展中，最終成為『不可知之知』。」[1]我們知有一個不可知之的「物自體」或說上帝，但只是理性的推理、判斷出來的，用具體的事實證明則不可能。這話好像說了但好像又等於不說。

黑格爾：「絕對精神。」他用辯證法進行三段論否定之否定，經過揚棄後得到了「絕對精神」，取得了「絕對精神」的證書，就等於認識了上帝。但黑格爾的「絕對精神」也只不過是他自命為他有高超的思辨能力，

1 馮友蘭，《中國哲學簡史》，北京大學出版社，一九八五年二月第一版，頁三八七。

自我統合的「絕對精神」，事實證明，這個「絕對精神」只不過是自我劃圈子，作了括弧的「絕對精神」，就是說，他用意中之意來包裝，即自我完善，從而找到了絕對。但絕對是不存在的。可以這樣說，是他自己說了算的絕對。

斯賓諾莎：「將我們所認識客觀世界回歸到對上帝的認識，從有限的存在中尋找出上帝的無限存在。」如此看來，上帝不就是自然的化身嗎？其與《易》所記載之「包犧氏」相似乃爾：「仰則觀天象，俯則觀法於地，觀鳥獸之文與地之宜，近取諸身，遠取諸物，於是始作八卦，以通神明之德，以類萬物之情。」（《易・繫辭傳下》上文已有引文出處）。從萬物之性感應出上帝的存在。上帝就在萬物之中。這就是後世哲學家批評斯氏為「泛神論」。

齊克果（Soren Aabye Kierkegaard，1813-1855；中國大陸譯為「克爾凱郭爾」）說得更妙，他認為一個人只有當他面對上帝時，才具有真正的存在，宗教的本質即在於個人進入了與「無限」的無限關係，與「絕對」的絕對關係。他並認為，「誰只要同意進行論辯，誰就是放棄信仰」。克氏的「無限」、「絕對」如何？無法求證。連他自己都說靠的是「荒謬」。他借用古代有名的「教父學」代表德爾圖良的話說：「正因為荒謬，所以我才相信。」[2]這話是絕了。他似乎在下一道命令說：不要多說了，上帝就是荒謬，你們不要問什麼理由，你們相信就是了。話也就說回來，人除了用感性，感應這「無限」的無限、「絕對」的絕對外，你在上帝面前，是無能為力的。因為人的知性、理性，無法抵達祂的彼岸。

我們看到，很多宗教信仰者，他們證明神靈的存在及其威力時，採取的都是偶然性的事件，即經驗之外的事件來證明：某某人得了癌癥，祈禱神後突然病好了；某某開車掉進十幾米深的山坑不死，就因為他身上戴著觀音佛像。宗教家最喜歡用超自然的事件來證明神的存在。實則不過是康德所說的從理性返回知性、感性的反思判斷力在起作用。信仰者常因此而執迷不悟，直認其所信者為真神。實際上，不但基督、佛祖、阿拉可以顯靈，非洲的原始拜物教也可顯靈。現象的出現是千變萬化的雜多，從雜多中挑選出一件符合神跡的事件並非難事。所以說，無論你信什麼教，都可以從事實找出神跡證明你神的存在。

2 《西方著名哲學家評傳》第八卷，山東人民出版社，一九八六年四月第一版，頁四〇一－四一。

我們再來看馬克思主義者：「這個世界除了運動著的物質外，什麼都不存在。」物質就是客觀實在，但物質無限可分，若我們無限追究下去「物質是什麼？」也沒有一個絕對的答案。這又回到康德的「物自體不可知」論中去。

儒學：「率性之謂道。」[3]孟子說：「萬物皆備於我矣，反身而誠，樂莫大焉，彊恕而行，求仁近焉。」[4]儒亦是用意中之意來包裝自己。我把我的心性放大，包羅萬物，使「夫君子所過者化，所存者神」（孟子語，上已有所引），其最高的理性理念就是「自得」。我自認得到了整個世界，世界就在我心中了。其方法是「此天之所與我者，先立乎其大者，則其小者不能奪也。」[5]人，只有用意中之意來包裝自己，才能是圓滿的嗎？還有沒有另一條道可走？

一個高山的頂峰，四周一片空廣無垠，寂靜無聲，那無邊無際的天，沒有雲彩，沒有星星，沒有一點物的襯托，空空如也。你一個人孤伶伶地站在頂峰上，此時此刻，那思維僵住了，那感性斷絕了與料的來源，那物質和意識，已經失去了它存在的意義。他思，但沒有了對象，腦袋一片空

3 《大學、中庸》，華語教學出版社，一九九六年版，〈中庸。天命章〉，頁三，

4 《孟子》，智揚出版社，民國八十三年版，頁三五〇。

5 《孟子》，智揚出版社，民國八十三年版，頁三一四。

白；他喊，但沒有回應，四周一片寂靜。

這個世界是什麼？它為什麼因我們而存在？上帝在呼喚著我們嗎？神秘，不可理解，一切回到寂靜……

柏克萊說：「存在就是被感知。」

笛卡兒說：「我思故我在。」

然，這個頂峰上的他，孤伶伶的被四周無垠的空廣所包圍，他無所襯托，無所聯繫，無所牽掛，他感知到的是空，他思，但他尚存在麼？

存在，這世界的一切都存在，包括那死去的、再生的、現存的、有機的、無機的，但當我作為主體的時候，那思維無所襯托，無所聯繫，無所執象的時候，這個思，終歸於空寂和虛無？

我們看到站在頂峰上的那個人，他似乎一切虛無化了，但實則不然。他的腳還站在那大地上，他還活著，他還有感知，他還在思。他所認為的「虛無」，對面還是「有」：他還是在乎他的「存在」。他的腳，還站在那大地上呢。

德國偉大的哲學家叔本華，早就揭示了這個人類「生存意志」的本質。這個《作為意志和表象的世界》的作者，他石破驚天地道出人生的悲劇：這個人的生存意志，他一生下來就與這個表象的世界緊緊地相聯在一起了，意志不可能停止它的活動，它促使人的欲望沒有止境，人不可能有絕對的自由，活著就是痛苦。若沒有痛苦，這個人似乎也就不存在了，消滅意志才是他的解脫。

另一位哲學家尼采，面對叔本華「生存意志」的困境，他發展出一套「超人」哲學。他用「權力意志」取代叔本華的「生存意志」，企圖用「超人的權力意志」來戰勝叔本華的「生存痛苦」。他宣佈「上帝死了」，並要「重新估計一切價值」。[6]那個超人查拉斯圖拉，其來勢洶湧，從山上下來，似有要橫掃人類的一切烏煙瘴氣、蕩滌心靈純淨的氣魄。他的到來，令多少人為他歡呼、迷醉而以為得救。可是尼采最終還是鬱鬱發瘋而死。他「超人」的「權力意志」得到勝利了嗎？我看並沒有。他可能超越了叔本華那個「表象的世界」，權力的欲望取代了生存的欲望，但他超越不了「天」——那個深邃無限的宇宙世界。他說上帝死了，只不過是他的一廂情願而已。超人的意識，能超越上帝嗎？能透徹康德的「物自

6 尼采，《查拉斯圖拉如是說》，文化藝術出版社，一九八七年八月北京第一版，頁六—一〇。

體」嗎？

尼采創造的「超人」之所以逃不脫叔本華的生存困境，在於「權力」不可能逃脫死亡，意志不可能上達天庭。說穿了，即意志不可能脫離意識而獨立存在。你一思，馬上就有作用，有了作用就有了矛盾，有了矛盾的人有可能獲得絕對的自由嗎？

我們從上所例舉的哲學家做法看到，他們都企圖用意中之意來求得本體，以便得全而通。即康德的實踐理性：我用理性去尋求存在，理性推理到最後，得出一個終極觀念：上帝或物質、意志或絕對精神，然後再返回知性、感性中去踐履這個觀念。實質上是做一個輪迴：畫上一個括號（觀念），將逆思中的感性、知性裝到這個括號裏去，以此完成其觀念系統。如前我們分析過的馬列主義唯物辯證法，他們那個物質觀念，不是我們通常所說的物質，它無所不包，什麼以太、電、甚至人的意識，都是物質的屬性，物質等同存在。這樣，我們感覺到的雷電交加、冷暖濕熱都是物質的；我們知道石頭堅硬、水性柔軟都是物質的；我們人一死，思維就停止了，這個意識也是物質的。這個宇宙世界，不可能有一件東西不是物質的。這樣，他的物質觀念論就圓滿了。我們再來看上帝這個觀念：這個宇宙世界是多麼的奇妙而不可言喻呀，這個大自然是誰打造出來的呢？我們感覺到蜜蜂千里歸巢，分工合作的神奇；我人何以獨於萬物，有此知性、理性？這不是有一個神奇的造物主在主宰這一切嗎？這個有神的觀念論也圓滿了。

我們就說到尼采的「權力意志」，其也是包羅萬象的。不僅有機物有權力意志，無機物也有權力意志，整個宇宙充滿著權力意志。這樣說來，這個宇宙世界就有合理的解釋了：這個世界就是權力意志！尼采是用人的精神「三種變形」來完成其真理論的。他說人的精神先變成駱駝，由駱駝變成獅子，最後由獅子變成小孩。駱駝是負重、擔當；獅子凶猛、富於創造；而小孩呢？他說：「小孩是天真與遺忘，一個新的開始，一個遊戲，一個自轉輪，一個原始的動作，一個神聖的肯定。」[7]

他的真理圓滿，也是繞圈子，做一個輪迴來完成的。但我們無論如何否定之否定，如何用意中之意概括，未知之數還是存在。我人無法成全這個宇宙世界，無法成全我們自己。我人無法窮盡這個世界的彼岸。就是

7 尼采，《查拉斯圖拉如是說》，文化藝術出版社，一九八七年八月第一版，頁二一—二三。

說，康德這個「物自體」，我們無法徹底弄明白，弄清楚，因為人沒有智的直觀。即人沒有理性直觀，只有感性直觀。

我們將「現象學」的意識問題來個探討，對人類這個知的困境可能有助進一步的了解。現象學派布倫塔諾和他的學生胡塞爾提出過一句名言：「意識的意向性。」[8]這就是說，意識是有指向性的、選擇性的，意識不是隨意性的、任意性的。最明顯簡單的例子是一個音樂家，他的音樂意識比一般人要豐富得多，因為他的意識活動主要以聲調為對象，即他有意去認識聲調那方面的東西。反過來說，他的聲樂意識豐富了，其它的意識則貧乏了，因為他有意忽視、或說虛無了其他對象。他在物理、化學或植物學等方面的知識可能就貧乏些。胡塞爾等現象學家們對心理學進行了深刻的分析，做了現象學的還原工作。既然意識活動有其意向性，那麼意識就有其主動性或說自為性。

法國哲學家薩特，正是在胡塞爾的現象學基礎上，發展出他的《存在與虛無》哲學的。他認為人是自由的。雖然那「自在的存在」（唯物主義稱之為「物質」的客觀世界）無處不在，無時不有，但人的意識可以將它

8 泰奧多・德・布爾著，《胡塞爾思想的發展》，李河譯，仰哲出版社，民國八十三年四月版，頁六。

否定或說虛無化。人是「自為的存在」，他還可以將自我的、妨礙我自由的意識虛無化，從而實現人的自由。薩特的「存在與虛無」，以我看來，與黑格爾的「否定之否定」，「揚棄」後達到「絕對精神」大同小異。即人可以虛無化其不需要或說阻礙其自由的存在的東西，選擇朝向於有利其自由的方向發展，最後揚棄到獲得絕對的精神。這種以虛無達至自由的方法，有點類似阿Q的精神勝利法。

以叔本華的觀點來看，只要人的意志還存在，意志不停止活動，人達到絕對自由是不可能的。薩特自己也承認，那個意識與物質，就好像是帶著黏滯的流質，它們一直交織在一起，根本分不開。這個「意識的意向性」，必定是某一意識，他必定要指向什麼，這個所指要有一個對象，無所相，那意什麼、識什麼呢？這個意向性，一定要有所執，無所執，這個意就表達不出來。那麼，這個可表達出來的意識，就是相對的而不是絕對的。相對的意，用老子的話說，就是不「公」和不「全」的。就是說，意識是不可能達到天道的（老子：「公乃全，全乃天，天乃道。」）。[9]

「現象學」的「意識的意向性」證明意識不可能全面意到，即不能總

9 《道德經》，安徽人民出版社，二〇〇一年十月第一版，第十六章，頁二六六。

括整個宇宙世界，他必定有所缺失。這個意識的意向性，使你還有所執，而且執的是世界的某一點、某一部分、某一現象。每一意識的意向，就如一個針孔，我們只能透過這個針孔看世界。而這一孔之見，是不可能窺見到宇宙世界的全貌的。而意識的意向性，亦規定你如此思而不能那樣思，那樣思就不能如此思，這個意識顧此失彼，你如何達至絕對的自由呢？所以我們又回到開章前的話題：《聖經・創世記》上說亞當與夏娃偷吃了智慧之果，人有了智慧後，麻煩就來了，人也因此失去了自由自在。這個「智慧」一直煩擾他的一生。他不能不思，「我不思，我還存在嗎？」笛卡兒「我思故我在」成了人生的鐵籤。思想是人類發展的動力，但思想亦使人陷入困境蒙昧。人不能走出這個「我思」的怪圈，意識的怪圈。

我們從《周易》講的陰陽及太極圖來看人類這個困境，就更明瞭清楚了。如《太極圖》的陰陽魚組合為一個圓，人只有站在正中央時，其才是中性的，即不陰不陽；或說陰陽各半。也就是說，人只有做到在陰陽魚圓的正中央，才是無矛盾的，即其與陰陽不相害。陰也不相多加、多減於我，陽也不相多加、多減於我，我處於無矛盾的狀態之中，萬物相蕩與我不相害，我處於沖和之地位。但我站在這個位置是不能動的，我一動，向這個正圓中心邁出一步，陰陽就相加減於我了，矛盾就出現了。不是陰多就是陽少，不是陽多就是陰少，反之亦然。我不可能再處於陰陽各半的中性狀態，在陰陽的作用下，萬物並作，我與萬物相加相減，沖蕩不能相和，矛盾的作用就產生了。這個站在陰陽魚圓正中心不能動的理論恰恰說明這樣的一個問題：你不能有思為，有思為，就意味著有所動，有所動，陰陽就對你有所相加相減了。也就是說，人要做到站在陰陽魚圓的正中央，只有無思、無為、寂然不動的狀態下才能實現。然生命的表現在於運動，人從呱呱墜地哪剎間開始，他就有所運動。我能無思、無為、寂然不動嗎？這正如叔本華在他的《作為意志和表象的世界》所論述的，除非生命意志消失了，否則人的欲望就不會停止活動。但有意志的人就是相對的，就無法實現絕對的自由。

人如何在他的有生中，走到絕對自由的彼岸？我們既然對思為已不抱希望，何不來個無思、無為一試？老子的道無即如是觀。

十四、老子的「道」

老子的「道」是什麼呢？道就是「天人合一」的人生最高境界，道就是絕對精神，道就是自由自在，道就是通天，終於見證了上帝，人與造物主同在，達至永生；道就是「生命意志」在「虛無」之中找到了歸宿，達致「沒身不殆」[1]。

我們說了那麼多所謂的「道」，但還是說不出一個所以然來。老子也說他的「道可道，非常道，名可名，非常名」[2]、「吾不知其名，強字之曰『道』，強為之名曰『大』。」[3]、「繩繩兮不可名」，「復歸於無物，迎之不見其首，隨之不見其後」，又說「玄妙玄通，深不可識」[4]。儘管老子的道，神秘兮兮，不好理解，但我們綜觀老子所說的「道」，還是可尋得一定的「道」義的。我們先來看看老子是如何說的：

1 《道德經》，安徽人民出版社，二〇〇一年十月第一版，第十六章，頁二六六。

2 《道德經》，安徽人民出版社，二〇〇一年十月第一版，第十六章，頁二六五。

3 《道德經》，安徽人民出版社，二〇〇一年十月第一版，第二十五章，頁二六八。

4 《道德經》，安徽人民出版社，二〇〇一年十月第一版，第十六章，頁二六六。

有物混成，先天地生，獨立而不改，周行而不殆，可以為天下母。[5]

萬物負陰而抱陽，沖氣以為和，道生一，生二，生三，生萬物。[6]

以老子的說法，我們用現代的語言來說，道就是宇宙萬物存在之形式，是我們這個世界生成的母體，道為「萬物之宗」、道為「天地之根」。[7]

道是「無」，不是「有」；它是宇宙萬物存在之形式，是人達至「沒身不殆」——永恆存在的形式，或說人類通往天人合一之境界的形式、或說中介。它本身不是內容，故老子不知如何給它取名字，只免強給它取個名字叫「道」。它是無形、無象、無臭、不可名狀的，人只能悟，不可言傳。也就是說，老子這個「道」，用知性去概念，用理性去理念是不可能的，而用理性去思辨，去尋求也是不可能得到的。「道」超越知性和理性。人只有「絕聖棄智」、「返樸歸真」、「為學日益，為道日損，損之又損，以至於無為」。[8]

5 《道德經》，安徽人民出版社，二〇〇一年十月第一版，第二十五章，頁二六八。

6 《道德經》，安徽人民出版社，二〇〇一年十月第一版，第四十一章，頁二七〇。

7 《道德經》，安徽人民出版社，二〇〇一年十月第一版，第四、六章，頁二六五。

8 《道德經》，安徽人民出版社，二〇〇一年十月第一版，第四十八章，頁二七〇。

不能帶有一星點的動機和作為，一定要無所作為，才能悟道。中國有一個學者叫司馬雲杰，寫了一本《大道運行論》的書。他雖然承認道是形而上的，是無，但他既把道說成是最高理性思辨的存在，說「中國的大道哲學不僅是一種形而上學的純理念、純知識的體系，而且是一種哲學本體論與價值論的存在。」[9]

這種道的存在論，當然可以從古至今的論道者中找到依據，你也可以將道抽象之抽象為宇宙自然的秩序法則。但若就老子的「道」而論，我以為是不可的。老子明明說「道」是不可以言的，你既然可以用語言表達出來，這個「道」就不是老子的道了。如果我們以西方理性主義的哲學來看老子的道，老子的道，不僅是形而上的，而且是形而上之上的，是無之無，即無無。純粹理性是形而上的，所謂的唯心主義者都是形而上學者。理性只能達至形而上一級，它必須有對象而論及，沒有知性概念的綜合統一就沒有理性的理念，而道面對的是無，你思維如何思辨？無中之無，只能是無，它不可能再思辨下去。如以西方哲學範疇來看「存在」，道的存在論就有質疑了：

9 司馬雲杰，《大道運行論》，山東人民出版社，一九九五年十二月第一版，頁三二。

第一，存在必須佔有空間和時間。老子的道是無空間、時間表現的，「道乃久，沒身不殆」[10]。道就是永恆，沒有時間的表現；道亦不需要肉身的空間位置，人可以獲得永生。我們不能指出道在何時、何個空間存在。雖然萬物無不包容在道內，但道是在時空之外的。道沒有時空觀念。道是無，至多是「道生一」

第二，這個「一」，恰恰說明道是宇宙萬物存在的形式。「一」，它沒有矛盾的對立。

第三，存在要有質量關係的表現。但老子的道是無，沒有質量關係的表現。上面說「道生一」，以此來看，「一」是道的子，那麼道母就是無了，說明道是不可名的，而道的質是什麼呢？也無法說出個所以然來。

第四，以西方哲學對上帝的存在論述來看，也很難證明道的存在論。上帝在基督教裏，雖然祂看不見，摸不著，但祂是有格位的。祂具有身形、情感、性格等喜怒哀樂的人性。《聖經舊約全書》上記載上帝是按照自己的形像來造人的；祂有發怒，如何懲罰人；祂有喜歡，又如何獎勵人等，都有人性的一面。可以說，上帝是形而上的存在，祂只是相比較形而

10 《道德經》，安徽人民出版社，二〇〇一年十月第一版，第十六章，頁二六六。

下的人而言。但老子的「道」是形而上的無，它沒有格位，沒有相對。

老子的道，是形而上之上，無之無，它比那形而上又上了一級，理性思辨沒有了對象，面對無，他思辨出來的只能是無，他不可能再理性出什麼「存在」來。再說「存在」一詞，存在就是有。在哲學的辯證裏，它的對立面是無，它的否定式是「不存在」。我們再進一步將其放在辯證法裏去辯證：無的對立面是有，根據矛盾論矛盾雙方缺一不可的原理，說無也是有以此證明「無」的存在是可以的。但這個辯證只是在形而上、第一個抽象意義上講的。也就是說，這個「無」的存在，是在實有的對立面上進行辯證的。而老子的道，是抽象的抽象，形而上之上，無之無，若我們根據康德純粹理性批判之原理，不可能思辨出老子道的存在來。故西哲們一看到超越理性的東西，都以「神秘主義」為稱，他們實在無言以表。司馬雲杰先生引經論典，洋洋大觀，對大道詮釋得唯妙唯肖，是一部難得的道行巨著。但我以為，悟道是個人的事，是吾精神境界的提昇。司馬氏將其提昇為整個中華民族的精神道統、中華民族延續、振興的文化哲學本體，這個「道」就不是無為後而悟的道了，它是功用的，而且是大功用的。以此有所作為來論道，我看這個「道」還是理性的「道」，不管司馬氏如何將道提昇到「純粹理性思辨」[11]，他說出的還是理性的東西，也是宋、明理學那些形而上學的道統，將道歸為「天理」的存在，還是走不出康德反思判斷力的目的論靜觀。

老子的道是什麼？一則道無名，用知性不能概念；二則道是無之無，形而上之上，用理性不能做出推理、判斷。「道」的表述，參照哲學所講的形式，我們把「道」視為宇宙萬物存在的形式，人抵達絕對精神境界的形式。道並非內容，「道生一」；它不是有，而是無，我們不能把道當作是存在，在我悟道入道的過程中，道就是吾存在的形式，是吾天人感應到一條「沒身不殆」的道。這道在形而上之上，無之無，它是不可言傳的。如果我們要給道說出個所以然來，綜觀老子對道的說法，與其說道是宇宙萬物的最高存在，倒不如說道是「自然」（這裏指的自然不是我們通常所說的大自然，是在時空之外的自然——自在的法則或理），老子亦有「道法自然」的說法。何謂「自然」？我們從莊子釋道境界可領略一二：莊子在〈刻意〉一文說：「若夫不刻意而高，無仁義而修，無功名而治，無江

11 司馬雲杰，《大道運行論》導論篇，山東人民出版社，一九九五年十二月第一版，頁三二一。

海而閒，不道引而壽，無不忘也，無不有也，沾然無極而眾美從之。此天地之道，聖人之德也。」[12]

這個道的境界，你要做到沒有一點人為意識的造作，無所作為，一切順其自然，才能進入那天地之道。以此我們看道是在無之上，即人要進入「無無」的境界才能合乎道的自然。莊子亦借用「光曜」和「無有」的對答來說明道「無無」的境界：「光曜」問「無有」，你到底是有還是無有？「無有」沒有回答，「光曜」仔細地看「無有」：一切空蕩蕩，看不見，聽不到，摸不著。他便感嘆說，他只能有心地做到無的境界（光雖摸不著，但看得見），而無法做到「無有」無心的無無境界。「無有」這個無心的無無境界，才是道的境界。這個道無法說，也不可說，一說，就是「光曜」有心的無了。[13]

莊子對老子的道無，最有靈通，其用通俗易懂的故事釋道，玄妙玄通。我們從老子稱「道」為「天下母」。[14]來看，說老子的道是「本然」或許亦可。這個「母」就是「本」，而這個「母」它是不在時空之內的，它包羅一切，周流一切，但它既是永恆獨立不變的。它「寂兮寥兮，獨立而

12 《莊子正宗》，華夏出版社，二〇〇五年一月北京第一版，頁二五三。

13 《莊子正宗》，華夏出版社，二〇〇五年一月北京第一版，頁三八二。

14 《道德經》，安徽人民出版社，二〇〇一年十月第一版，第二十五章，頁二六八。

不改，周行而不殆」[15]。這種特性，我們剛好用「然」來表示。說道是「本然」，人得道，不就是回歸他的本然中去嗎？或用佛教的說詞，叫「真如」。它真就如此，「吾何以知眾甫之然哉？以此。」[16]

15 《道德經》，第二十五章，頁二六八。

16 《道德經》，安徽人民出版社，二〇〇一年十月第一版，第二十一章，頁二六七。

十五、老子道的方法論

有關老子的道，很多人都冠之「神秘主義」以相稱。老子也說過「道可道，非常道」。[1]老子不僅道的確切概念、定義不說清楚，連知識都不要了，他主張人要無為，要「絕聖棄智」、「見素抱樸」，[2]老子雖然給我們說出得道的好處：「沒身不殆」，永生不死，取得絕對精神。但他的道是「無無」，既然這道是「無無」，不能說，又不能傳，人又如何悟出道來？老子雖然沒有把道是什麼的確切概念、定義說清楚，但他對如何入道，如何得道既有一套周全的方法論。

我們先來看看老子的一段話：

> 知常曰明。不知常，妄作凶。知常容，容乃公，公乃全，全乃天，天乃道，道乃久，沒身不殆。[3]

1 《道德經》，安徽人民出版社，二〇〇一年十月第一版，第一章，頁二六五。

2 《道德經》，安徽人民出版社，二〇〇一年十月第一版，第十九章，頁二六七。

3 《道德經》，安徽人民出版社，二〇〇一年十月第一版，第十六章，頁二六六。

老子這段話明白地說出「道」的入門方法首先是要「知常」，即要知道「常識」。這個「常」是什麼呢？就在十六章所說的「夫物芸芸，各復歸其根。歸根曰靜，是謂復命；復命曰常。」這個「常」就是「復命」。復命乃人生規律、自然規律，乃宇宙萬物運行變化之規律。宇宙萬物的一切，表面上看雖然千變萬化，生生息息，似乎是作摸不定的；但實質上它是有規律的：「獨立而不改，周行而不殆。」[4]這個「知常」，本身就是知識。這個「常識」包含很大的學問，大到知道宇宙萬物運行變化之規律，他具有最高的概括性、容納性、公正性、大全性，是對整個天地變化的真知灼見。

有人讀《老子》，一看到老子的「道常無為」[5]、「絕聖棄智」、「見素抱樸」（《道德經》第十九章，上已有索引）的講法就斷定老子不要知識、不要智慧了。那些妄想有作為的人認為既然老子不要知識，不要智慧，不要思想，叫人象嬰兒一樣天真無知。這不是與死人、石頭一樣沒有情感，沒有思維的東西，這個人生還有什麼意義？實際上這是對《老子》

4 《道德經》，安徽人民出版社，二〇〇一年十月第一版，第三十七章，頁二六九。

5 《道德經》，安徽人民出版社，二〇〇一年十月第一版，第三十七章，頁二六九。

的誤解。老子說「知常」的這個「知」字，就包含知識論在內。沒有知識，如何得出「常」來?這個「常」是需要知識去了解，去認知的。

我們再來看老子的一段話，更能明瞭老子悟道前是需要知識論的：「人法地，地法天，天法道，道法自然。」[6]人如何法地？「法地」就是要認識這個物質世界，講的就是知識論。人首先要通達物變之理，才能確定出天人之分際。人認識了我們所處的這個自然物質世界以後，然後反過來認識我們人類自身，反思自我，使我們認識到知性、理性的侷限性，人不可能戰勝自然規律，什麼努力作為，作威作福，享受榮華富貴，甚至戰天鬥地，不假天日都沒有用，你人這個身體終究是要死的。不僅是人，一切有機物都要生生滅滅。這就是老子說的「復命」。你明瞭這個世界的「常」規以後，你對我們生活的這個世界的佔有欲就不會那麼執著了，對在你周圍發生的一切都能「容」了。什麼人生榮辱啊，貧窮富貴啊，功名利祿啊都無所謂了。你內心有了對一切世事的容量，你就很公正無私，你就不會被這個世界的事物所蒙蔽，這樣你就可以「地法天」了。因為是「地法天」，不是人法天，故此時我們不能用人的智慧去認識天，你要用

6 《道德經》，安徽人民出版社，二〇〇一年十月第一版，第二十五章，頁二六八。

智慧去認識天是不可能的，因為天太高，太大了，它「無極」，人的智慧根本不可能抵達它的彼岸。只有捨棄一切聰明才智，不要有所作為，要「損之又損，以至於無為，無為而無不為」[7]，這樣，你才能順應自然，與天地萬物容為一體，才能打通天道，作天人感應。

是故，我們說老子講悟道，一開始並不是不要知識，不要用智，而是到了「知常」後，就不要用智了。他說「為道日損，損之又損」就說明人為道前是有知識的。要為道，就得將這些知識損去，要無所作為，要「致虛極，守靜篤」[8]才能悟道。心不能有雜念，要純一，要無，你一動念就不行了，動了念就有「萬物並作」之象的矛盾出現了，不是你的意識與物相發生矛盾，就是你的意識與意識發生矛盾，在矛盾的作用下，心（叔本華所說的「意志」）就不能安定下來，它總是要有所作為，有所欲望，有所執相，啟動意志的動機無法平息，心怎麼能與宇宙萬物容為一體，感應到天人合一之道呢？正如莊子在〈天地〉篇借「為圃者」與子貢所說的：「吾聞之吾師，有機械者必有機事，有機事者必有機心。機心存於胸中，則純白不備，純白不備，則神生不定，神生不定者，道之所不載也。」[9]

7 《道德經》，安徽人民出版社，二〇〇一年十月第一版，第四十八章，頁二七〇。

8 《道德經》，安徽人民出版社，二〇〇一年十月第一版，第十六章，頁二六六。

9 《莊子正宗》，華夏出版社，二〇〇五年一月北京第一版，頁二〇〇。

《周易・繫辭上傳》亦有云：「無思、無為、寂然不動，感而遂通……」[10]其說的也是悟道的方法。老子以「為學」與「為道」兩者區別，也將悟道的方法論說了出來。他說，「為學日益，為道日損，損之又損，以至於無為。無為而無不為，取天下常以無事，及其有事，不足以取天下。」[11]你要「為學」，每日都會有收穫，都會學到了什麼，得到了什麼，每日都會有益處。但「為道」就不同了，每日都要將你的思想意識損掉，日損又損，一直到你沒有一點思想意識為止，你到了無為的境界，到了常無的境界，你就取得天下（通天）了，你思想意識還存有的話，你要想通天是辦不到的。老子指出「為學」與「為道」的兩種不同途徑，就是讓人更明白其道的入門方法。

老子將得道的方法，說得很明瞭：人到了「知常」後，你就不要知識了，不要有所作為了，要「見素抱樸」，像嬰兒一樣天真無瑕，在你的腦袋裏不能殘留半點的思想意識，你才能將你的人生推上一步，頓悟出道來，由此而達到「沒身不殆」的天人合一的人生最高境界。

實際上我們看佛教出家人的念經，現代氣功師們教人煉丹田等的方

10 《周易正宗》，華夏出版社，二〇〇五年一月北京第一版，頁六三一。

11 《道德經》，安徽人民出版社，二〇〇一年十月第一版，第四十八章，頁二七〇。

法，與老子悟道的方法大同小異。佛家人念經，常常重複一句經語，不停地念，就是為了清除心中的雜念，讓心（思）達至空無。氣功們煉丹田，叫人不要想其他，就想丹田的部位，也就是為了達到「純一」。無獨有偶，基督教也有類似此種悟道的方法論述：耶穌在登山寶訓中說：「清心者有福了，他們將要見到上帝。」（《新約全書》馬太5：8）又說：「除非你們改變得像小孩一般純潔，將永遠進不了天國。」（《新約全書》馬太18：2）康德的實踐理性，也主張以「靜觀」的態度。這種強調清心寡欲、以純真來求真理，上天國的方法，在宗教界、哲學界有很多例證。不過這種「清心寡欲」不是像老子那樣，一退到底——達到「無」的境界。康德的「目的論靜觀」也只不過是從理性退回到知性、感性中去。其方法還是「有」，相當於中國人說的「寧靜以致遠」、「退一步海闊天空」的地步。老子是最徹底，一退退到無，沒有半點的理性、知性和感性，無思無為。這就是老子的「玄妙玄通」[12]的悟道方法。

老子的「道」雖是無，但有其方法論，故其道不是神祕主義，也不是什麼虛無主義。其道是有門可入的。

12 《道德經》，安徽人民出版社，二〇〇一年十月第一版，第十五章，頁二六六。

十六、我不思，我在嗎？

現在，我們來探討老子道的方法論是否可能的問題。笛卡兒說過一句很流行的話，叫做「我思，故我在」。老子要悟道之人無為（無欲）、無思，要「絕聖棄智」[1]、「復歸於嬰兒」[2]，這就是說，老子的道與笛卡兒的話是反其道而行之的。我們在此提出一個設問：「我不思，我在嗎？」我們很難想像，一個人若停止了思想，沒有了意識，這個人還存在嗎？

首先，我不思，就有兩種情況發生：一是我不知道我是否存在，因為我已沒有感知。這就是說，主觀上我是不存在的，因為沒有了「我思」；二是客觀上我是存在的。儘管我不思、沒有意識到我的存在，但我這個人，還是實實在在存在這個世界上。

其次，以「自我」與「非我」的辯證關係來講，我不思，我就不成為「自我」，而是一個「非我」。我沒有意識到我是否存在，我與其他物一

1 《道德經》，安徽人民出版社，二〇〇一年十月第一版，第十九章，頁二六七。

2 《道德經》，安徽人民出版社，二〇〇一年十月第一版，第二十八章，頁二六八。

樣，就像一塊石頭，或像一具殭屍，擺在那裏，我不能肯定我在，也不能否定我在。我是「非我」，只由他人來判斷我是否存在，我不能判斷我自己，因為我不思。

實際上，我是存在的。我從娘胎生下來，我就是我，我生活著，不管我思不思，我存在在這個世界上。那嬰兒不思，你能否定他的存在嗎？那些高山、平原、大海、湖泊，你能否定它的存在嗎？笛卡兒所謂的「我思，故我在」，他強調的是這個「思」字，即主觀自我意識的存在。他是要有一個客體的對立面才能確立我——主體的存在的。沒有主、客體的矛盾對立，我這個思就不能成立。我思無對象，無所執，我就無從思，這個主觀意識就消失了，我就不成為我了。固笛卡兒這個「我思」，一定要有客體對象而思，無客體，主體也就無從顯現，二者是對立統一的關係，缺一不可。

笛卡兒這個「我思」的論調，是以表象世界與主體意識割裂開來論證的。後來的存在主義者，如海德格、薩特都是在發揮這個「我思，故我在」的主觀存在論。我不思，我是否就不存在了呢？這並不見得。用辯證法反證，你思，你反而不存在。

我們知道，人對這個世界的認識是不能窮盡的。一是意識對物質的作用，二是意識對意識的作用，從而產生不斷的「思」。人餓了就產生要食物的欲望，這是物質對意識的作用；別人罵了你，他的語言使你整天生氣，是意識對意識的作用。另一種思，是你自己對自己意識的反思，如「我怎麼會有這個想法」之類，這也是意識對意識的作用。人在生存活動時不斷地思。

我們知道「人物橫流」這句成語，物質的刺激對人生有很大的吸引力。有的人一生都在追求物利生活刺激，他的「我思」，都是圍繞著物質而思，獲利是他的思想動機，他的「我思」被物質所束搏，久而久之，他成了一個物質人。就是說，他變成了一個見物忘義的、物質利誘的追逐人。此時的他，進行「我思」，他這個「我」還「在」嗎？這個「我」，已不是我原來本身的我，而是由外來物質構成的「我」。「我」的「思」全是由物質內容所構成的。別人罵「我」不是人，說「我」豬狗不如。此時的「我」，還是「我」嗎？恰在此時，這個「我」突然反省了，他覺得他以前所做的一切都錯了，都違背了他原來的那個「我」，他想：「我怎麼會變成這樣的一個人呢？我已經不是我了。」此時「我思」，「我」既不「在」了，「我」感到「我」失落了，「我」被物化了，「我」已不是以前的那個「我」了。

另一種「我思，我不在」的情形是意識對意識的作用所產生。我們知道，在人生的過程中往往會有這樣的事情發生：別人不斷地奉你如何聰明、如何偉大，你被奉得沾沾自喜，自以為我就是上帝，就是聖賢了。突然有一天你反思自己，發現自己不是那麼回事，那個「我」，根本不是真正的「我」，是個虛構的「我」。「我」是被那個虛構的意識所構成的，這個「我」並不是真實的我。此時「我思」，我否定「我在」，我的本真被遺失了，我找不回來我的那個「自我」。在「我思」裏，「我」不「在」了。此時我思，我既不存在了。

「我思」，「我」不一定就在。反而在很多情形下，「我思」，「我」既不在。如處於悲痛的人，想自殺的人，都有否定自我存在的「我思」。我思，是我不想存在才產生自殺的念頭的。這個「痛苦的我思」，是否定「我的在」。

其實，人生的世界，是在時空運作下的世界。世界是流動、變化的。人也是變化的。今天的我未必是昨天的我，此時的我未必是彼時的我。莊子說：

> 蘧伯玉行年六十而六十化，未嘗不始於是之，而卒詘之以非也？未知今所謂是之非五十九也。萬物有乎生而莫見其根，有乎出而莫見其門，人皆尊其知之所知，而莫知侍其所之所不知而後知，可不謂大疑乎？已乎！已乎！且無所逃，此所謂然與？然乎？[3]

蘧伯玉六十歲有六十次的變化，那一個才是真正的蘧伯玉呢？可見人生的變化無常，我們是在變化中度日的。這個「變化」是我們用所知的來觀照的，從而使我們失落了不知「我是誰」？

我們探討「我思」，「我」不一定「在」後，我們再來探討「我不思，我在」嗎？

3 《莊子正宗》，華夏出版社，二〇〇五年一月北京第一版，頁四五八。

我們首先來看物質對「我思」的作用。人的基本生存條件離不開物質，衣食住行都要與物質發生關係，物質隨時對「我思」發生作用。我被火灼傷，我會感到痛；我餓了，就產生要吃食物的欲望等等，物質對人作用，而產生「我思」。但物質（客體）對意識來說是被動的，物質對意識的作用，在人來說，是比較容易解決的。我餓了，有充足的糧食就可以了，烈火燒到人，會使人灼痛，但我們可以避開它。物質世界困擾我思不是不存在，前幾節我們討論物質與意識的關係時，已作過探討，就是說，在認識論上，物質與意識是分不開的，兩者構成矛盾的對立統一，我們才能產生「知識」。但由於意識功能的意向性，人有一定的主動性，他可以避開一些阻礙「我思」的物質困擾，如人為了避免都市的喧鬧，逃到鄉村僻野去居住，為了不受物欲的刺激，寧願過清教徒的生活。所有總總，人到有一定生活能力的時候，物質的作用在「我思」中是可以消解的。就是說，它對改變「我思」的作用不是很大。如上面我們所說的，這個「我」，突然醒悟到他追求物利而失去了「自我」，他改變了他的人生，他不再「思」那個「物利」，還原了他的「自我」，他感到「我」不再失落，「我」找回了「我自己」，「我」存在了。就是說，這個「我在」是在「我」不思以前的「我」所發生的。沒有「我」這個「不思」，就沒有我現在的「我在」。

至於意識對「我思」的作用，也是這樣的：人們說「退一步海闊天寬」，只有你放棄了一個「我思」，另一個「我在」才出現。如我對某個問題百思不得其解，這個問題攪得我意亂如麻，心如刀割，痛不欲生。我覺得我已失卻原本的我。某一天我放棄對這個問題的思考，我不思，突然覺得我還原本來的我，我神志清醒了。但有人會說，你這個放棄的「我思」，這個「我」不是就不思了，而是開始了另一個「我思」，你的「突然覺得」就是另一個思。還是在笛卡兒「我思，故我在」的圈子裏轉。這一說法是不錯的，但從這裏我們看到，不同的「我思」，就有不同的「我在」，「我在」是有很多不同的方式的。在「我思」的作用下，「我在」不斷改變我存在的方式。他有時以這樣的面目出現，有時以那樣的面目出現。「我在」成為不定式，昨天的我不是今天的我，彼時的「我」，不是此時的「我」。此時我就發問，「我在」嗎？昨天的「我」是今天的

「我」嗎？此時此刻的「我」，是「我」彼時彼刻的「我」嗎？這樣，我就對我的存在產生質疑了：我到底是否存在？那一個「我」，才是我的真正的存在？在不同的時空下，物異星移，我越思就越糊塗，那個物質與意識不斷作用於我，使得「我」不停地思，從而不斷出現無數的「我在」。

哲學家們為了尋找出一個「真我」，使人抵達「絕對的自由」，或說獲取「絕對精神」，採取的方法有如下幾種：

一、康德的實踐理性，從理性退回到知性、感性中去，作目的論的「靜觀」。

二、薩特採虛無的手法，將有礙於我自由的「我思」東西虛無掉，用一種好的動機（良知）引導「我」走向自由。

三、斯賓諾莎的回歸自然，用感性直觀的方法，從有限中尋找無限的上帝。

四、孔子用意中之意來得到天命。仁既是道德的本體，又是天意的至善。

這些哲學家們都意識到「我思」無法找到本體，找到絕對的自由。於是將理性思考退回到知性或感性中去作目的論的靜觀。這雖然去掉了理性的思辨，靜觀到一定事物的合目的論。但終究還有「思」，還要有感性、知性。這個「我思」（靜觀）雖無外在具體表象的拖累，但「心」還是有所動，我還是有意識在，我內心還存有一個理念。這個有理念的我，是否是真我？我在實踐這個理性理念時彷彿不斷向至善靠攏，但永遠達不到那至善，這樣我就不能絕對地肯定自我。我總是有缺陷的。這正如中國人所說的：「不識廬山真面目，只因身在此山中。」本身有意識，絕對的肯定是不可能的。因為，正如現象學者說的，意識都有其意向性，意向性有時空的形式，有意向是不能全的。就是說，只要你還有「思」，就有主客體矛盾對立的問題，在時空形式的作用下，你無法走向絕對。上面提到那些哲學家的方法論，不可能做到完人，達致至善。黑格爾的「絕對真理」，也不過是畫圓圈以自慰，以知性、感性來包裝理性理念達成絕對。就像我們的聖人孔夫子，在「從心所欲」後面要加上一句「不逾矩」。其必畫矩以自圓其說。因有意在，必須設矩，否則思就如脫韁的野馬，任意騁馳，這就不是「從心所欲」，而是無所適從了。

其實，西方哲學家無法擺脫笛卡兒「我思，故我在」的魔匣，是其只有一個有對的「我」，而無中國人不言有對的「吾」。「我」是有對的，有一個對立面他人、它物而言。就是說，當我稱我時，我是與你、他及它物有關係的。我是有客體對象而言我的。我作為主體存在的時候，必有一個客體作為矛盾的對立面而存在。我說「我不是你，也不是他」，我說「我不是豬，也不是狗」都是有所相對而言；我說「我是我」也是意有所指：暗示我不是其他東西，我有我的特性。故說這個「我」，是有對有象有所執的，要與外界客體對象發生聯繫才能顯現，因此我必定有「我思」才能確立「我」的存在。但「吾」與「我」就不同了，吾完全在己，不涉及外物、他人，是無對的。吾就是吾，全在其自己，無矛盾的對立面，無外在而言「吾」。就是說，我是有辯證的，但吾是無辯證的。我們要使老子的道無所以可能，不能不論及中國古人這個「吾」的哲學觀。

十七、「吾」之哲學觀

中國古人早就有吾與我之不同用法，吾與我是有不同意謂的。我們從《易》、《論語》、《老子》、《孟子》及《莊子》等書就可尋見此義。在這些經典裏，「我」與「吾」所表達的意涵是不同的。

《易・繫辭傳》有云：「鳴鶴在陰，其子和之，我有好爵，吾與爾靡之。」[1]前者「我」對你而說，後者「吾」是指我本人，兩者意涵是有區別的。

孔子說：「述而不作，信而好古，竊比於我老彭。」[2]這裏有一個「我」；「德之不修，學而不講，聞義不能徒，不善不能改，是吾憂也。」這裏有一個「吾」[3]，這一「我」一「吾」含義是不同的。「我老彭」是對他人而說，「吾憂」是自己的心事，不關係到你們其他人。在〈子罕篇〉裏，孔子在一句話裏有「吾」與「我」的說法：「吾有知乎哉？無知也，有鄙夫問我，空空如也，我叩其兩端，而竭焉！」又說：

1 《周易正宗》，華夏出版社，二〇〇五年一月北京第一版，頁六二二。

2 《論語》，藍天出版社，二〇〇六年八月第一版，頁一二四。

3 《論語》，藍天出版社，二〇〇六年八月第一版，頁一二五。

「大宰知我乎？吾少也賤，故能鄙事。」[4]我們從這一「吾」一「我」中，可看出其含義：「我」是對外在他人而說，「吾」是說自己。

《孟子・盡心下》亦有云：「在我者，皆古之制也，吾何畏彼哉？」[5]「我」與「吾」兩者不同之意甚明：「在我者」，是我對你們說，而「吾何畏彼哉？」是說自己。

老子《道德經》一書亦有「吾」與「我」不同的表達：「猶其貴言，功成事遂，百姓皆謂我自然。」[6]，「俗人昭昭，我獨若昏；俗人察察，我獨悶悶……眾人皆有以，我獨頑似鄙，我獨異於人，而求食於母」[7]，而接下的第二十一章有一句「吾何以知眾甫之然哉？以此。」[8]老子的「百姓皆謂我自然」，是外界對「我」而說，而第二十章的「我」，是外界以為我是如此而說。這兩者的「我」，都是有對的，外在的。我是否「自然」？是百姓說的，是百姓認為為如此的。同樣，在老子稱「我」這個人「若昏、悶悶、頑似鄙」時，我們真的認為老子就是這樣的人嗎？不是的。這是我老子與你們相較而說出我老子的象，實在真吾的老子當然不是「若昏、悶悶、頑似鄙」的。而「吾何以知眾甫之然哉？以此。」這個「吾」

4 《論語》，藍天出版社，二〇〇六年八月第一版，頁一七四。
5 《孟子》，智揚出版社，民國八十三年版，頁四一三。
6 《道德經》，安徽人民出版社，二〇〇一年十月第一版，第十七章，頁二六七。
7 《道德經》，安徽人民出版社，二〇〇一年十月第一版，第二十章，頁二六七。
8 《道德經》，安徽人民出版社，二〇〇一年十月第一版，第二十一章，頁二六七。

就是發自老子其自己的心聲了。

對於「我」與「吾」的區別，在《莊子・齊物論》裏說得更明顯，南郭子綦說：「今者吾喪我，汝知之乎？」[9]何謂「吾喪我」？依今理性論者說，我就是我，我就是這個思為的我，何來個「吾」？中國古人就有吾與我之不同用法。「吾」竟然可以忘掉「我」，沒有了我。這個「我」與「吾」之不同，《莊子》一書有多處點明：「吾思夫使我至此極者而弗得也。」[10]「鮒魚忿然作色曰：吾失我常與，我無所處，吾得斗升之水然活耳。君乃言此，曾不如早索我於枯魚之市。」[11]這一「吾」一「我」，同在一句子中出現，可見吾與我是不同的：吾，代表本尊、本體、本心。不對外開放，是封閉式的；而我，是對外發言人，他與外界是有對有象的。

在《論語》、《孟子》、《老子》及《莊子》等書此類說法比比皆是，在此僅舉幾例。現代人不知「吾」與「我」之不同意表，通稱自己為「我」。這個我就只剩下有對、有相、有外在的那個「我」，而無中國古人講的內在的、獨立的、無對的「吾」。這個「我」當然只有「我思，故我在」的形式意義。實際上吾的在，是在其自己，是不須吾一定要執相

9 《莊子正宗》，華夏出版社，二〇〇五年一月北京第一版，頁一六。

10 《莊子正宗》，華夏出版社，二〇〇五年一月北京第一版，頁一二六。

11 《莊子正宗》，華夏出版社，二〇〇五年一月北京第一版，頁四七〇。

而思才在的。譬如我有許多工作纏身，頭腦亂得一團糟，此時他人又拿一個問題來問我，我說：「你不要問我了，讓我靜一靜吧，我現在什麼都不想說，什麼都不想思。」這個不說，不思的「我」，就是古人無對的、內在的「吾」。又如吾人身體可能由於健康或工作壓力問題，有一種說不出的痛苦，這種自身無法表達給他人的感受，就是吾自身的情感。他人可能也有類似的感受而以其經驗猜度我的痛苦，但這畢竟是吾自身的事，吾都無法說，他人又如何度呢？這種在其自己的情感，是「吾」（自身的感受），你能猜度的是「我」。「吾」是「在其自己」，無外在條件，不講有對；「我」則有對，與外在條件聯繫而說。「吾」是一個封閉體，代表其自身極其心性。而「我」則是個開放體，由「我」來對外發言。用現代漢語來翻譯，這個吾，只能解釋為「本人」、「本尊」、「本心」、「我自己」。古人講悟道，說人在無思無欲的狀態下，無所聞，無所相，無所牽掛，連我也忘掉了，最終突然頓悟得道。那得道的不是「我」（我已被忘掉了）而是誰呢？這個得道者不就是這個「吾」嗎？古人講悟道，是有一個「吾」在才能成立的。

在我們人生中，常常遇到一些無法解決的難題，吾人常採取的辦法就是不去思欲。即吾逃避所有的問題，不去思想它，不去作為它，如此一來，吾，情志安寧，心身有一種說不出的輕鬆喜悅。此時，我不思，吾既在了。這種無憂無慮，祥和自在的幸福，是吾無法對他人形容而說的，其在其自己，這就是「吾」；即使吾有時亦有思，但這個思也是自我作意，其思是內在的，不涉及外在的表象，一切在其自己，這就是古人的「吾」。

在表達自我情感方面，中國古人也常用「吾」而不用「我」。如上面提到孔子說的「是吾憂也」一句，這是發自孔子內心的情感，是他自身的感受。在西方哲學中，雖有「我、自我」等詞，但無中國人這個只有主體而無客體的「吾」相對應。他們有「內感」、「自我感受」等，但其這個「感」，總是要有所相才能感，沒有一個意有所指的感，這個「感」是什麼呢？以他們哲學的方式來分析，感覺沒有對象，這是不可能的。感覺無象，感什麼？無可意表，這就等於說無感。其內感，也有一個意象在。故西哲有主體必有客體；費希特的「自我」，必有一個「非我」相對。不可能有南郭子綦所言的「今者吾喪我」的情況發生，怎麼可能我失去了我？這話是在西方哲學來說是不通的。但中國人既有一個無對、無外在表現的「吾」存在，就是說有一個有主體而無客體相對的「吾」在，吾是一個沒有外在表現，沒有對象，甚至沒有意識的我在。這在理性哲學來講是講不通的。南郭子綦的「今者吾喪我」，在理性哲學來說，怎麼說也說不通。人，除非死亡了，否則他與萬物是有對的，不可能無我，因為人一定得思為，有思為，必定有主、客體的存在，有主、客體，當然就有對，有相，有執了。但中國人既有「萬物與我共存而不相害，物我兩合」的說法。而且有更進一步的說法叫「物我兩忘」。不僅物與我合而為一，連我與物都沒有也可做到，這就神了！其實，人是有吾而無我而在的，《莊子．齊物論》裏的莊周夢見自己變成蝴蝶，醒來時不知自己真的是蝴蝶呢還是莊周。這就是「吾喪我」的一個真實寫照：我已與物化了。如依我們上面分析的「我思」，「我」的在就成為不定式，「我」無法找到「真我」，直到死亡。這樣說來，人生如夢就沒有什麼區別了。周莊是蝴蝶還是蝴蝶是周莊情形是一樣的。笛卡兒不知有沒有想過：他也有過無思、無為的時候

（如他睡著了，或如遇到某棘手問題放棄不思等），此時他是什麼呢？他當然可以否定他的存在，因為「我」不思，「我」存在的價值就無從表現。但有一個問題他是不能否定的，就是他本身的存在。他是實實在在存在過這個世界上的。在「我思，我的在成為不定式」時，我的「真我」在那裏呢？我們人不斷謀划，不斷奮鬥，企圖在人生思為的過程中尋找到真我，但一切都是枉然，我在時空的變幻中不斷流失。然恰恰是在我無思，無欲的情況下，我的心身才最自然、最感幸福和完善。在我無思、無為，復歸於嬰孩的天真時，吾之本體才是真正的在。理性哲學之所以求不得「物我兩忘」，則在於他們只有「我」而無「吾」。沒有一個在其自己的「吾」在，當然找不到「我」的絕對自由。在西方哲學家，有一個人是找到了「絕對自由」的鑰匙的，他就是叔本華。他在他的《作為意志和表象的世界》一書最後章節裏），就提到人要獲取「絕對自由」的方法就是「無」。[12]

我不知道人們為什麼把叔本華歸納到「悲觀主義者」中去？叔本華一點也不悲觀，他與老子一樣發現了道（絕對自由）。叔本華對「無」有深

12 叔本華，《作為意志和表象的世界》，青海人民出版社，石沖白譯，一九九六年九月第一版，頁四四〇—四四一。

刻的理解，他雖然沒有象老子那樣有一套悟「道」的方法論，他對「無」只是點到為止，他是在探索生命意志無法解決人生的痛苦時得到佛家涅槃的「無」的。但他已指出這個「無」的人生意義，點出了老子「道」的天人合一境界。他以「無」來消滅意志的欲望，就是中國古人的「吾喪我」的作法。即無我以悟道，只是西哲沒有「吾」（叔本華用辯證法來表達，他認為無的對立面就是全有。從這裏我們也看出西哲無「吾」的一個缺失，他無法表達無矛盾的在），人們以為「無我」就失去了所有的人生價值了，實則這個真「吾」還是在的。叔本華很了不得，這個「無」，許多哲學家碰都不敢碰它，他們望而止步。無，一切都沒有了，還有什麼可論？還有什麼可談？講不出個所以然來，就沒有什麼學問可做了。故他們寧可退回到知性、感性中去，但就是不敢再退一步到「無」的境地，他們不敢丟掉這個「思」，這個「我思」。以笛卡兒的說法，我思，我才能存在，若我不思，我就不存在了，這是萬萬使不得的。這就是因為他們不懂得去我存吾。「喪我」，就是無我，無我則無物，兩者皆忘，而吾則立在其中，自由自在了。

我們看到，當哲學家們深究認識論走到盡頭無路的時候，也就是認識無法窮盡這個宇宙世界的時候，他們就放棄了一些「思」，來獲得真理。如康德指明理性不能證明神是否存在。他的「反思判斷力」「既不是一種認識活動，也不是一種意志活動，而只是從符合目的性的觀點來靜觀自然」[13]。他主張從理性回歸知性、感性，他的實踐理性，不是馬克思唯物辯證法的回到客觀物質世界的實踐，而是「靜觀」。黑格爾亦主張從無限回到有限，不要糾纏無限，以此獲得真理。這就說明，人到了「知常」以後，越少思，越接近真理，人也越自由。但那些哲學家們只做到一半——回歸到感性、知性就停止了，他們不敢再進一步到「無思」。若以理性的方法論來說，無就是沒有，若退回到無，人就不存在了，人生的價值也就完全被否定了。這個「無」字如何了得？但老子的「道無」既被中國人傳承幾千年，後來又有印度佛教的「空、寂」。「無」雖然否定了自我，但並沒有否定人生的價值，而是將吾推向更高的一個人生境界。

「無思」，真理不就現身了，本真不就出現了嗎？我不思，吾不就是實在的在嗎？吾不再有「思」扭曲的「我」，吾不再有相對，不再有物

13 文德爾班，《西洋哲學史》，台灣商務印書館出版，羅達仁譯，一九九八年初版，頁六二四。

累，不再意亂，是實實在在的吾，自由自在的吾，吾就是其所是。我不思，吾的在才是真正的在。

中國的哲學，主要由儒、道兩家而立（佛由印度傳入，算旁支），其最高超、最神妙、最精華部分就是天人合一。即所謂的「聖人」、「真人」、「至人」境界。而此一境界都要做到無：儒家是聖人無體，不可以訓；道家是損至無為。這兩者都要抵達無我的境界，這就很難為西哲所認同。用西哲理性的話來講，沒有一個主體作為敘述體，哲學怎麼說得通？實則他們看不到中國人這個「吾」在。當孟子說「聖而不可知之之謂神」[14]時，子思說「極高明而道中庸」[15]時，那個主體「吾」是隱藏其中的。這個神者何許人也？極高明者何許人也？當然是敘述者「吾」。當老子說「道可道，非常道」時，當莊子借「無始」之名說「道不可聞，聞而非也；道不可見，見而非也；道不可言，言而非也；知形形之不形乎？道不當名。」[16]時，那個老子、莊子的「吾」是在的，只是不能用「我」說，「我」說的道就不全了，就變味了，就不是道了。中國的哲學，全靠這個無執、無對、無象的「吾」立起來。沒有這個「吾」，所謂的「聖徵」、

14 《孟子》，智揚出版社，民國八十三年版，頁四〇五。

15 《大學、中庸》，華語教學出版社，一九九六年第一版，《中庸・大哉章》，頁八三。

16 《莊子正宗》，華夏出版社，二〇〇五年一月北京第一版，頁三八一。

「盡性知天命」就不可能，因為那天道無聲無臭，聖人無體，又不可以言訓，他要進入那「肫肫其仁，淵淵其淵，浩浩其天」[17]之境界，就要做到至誠無我。沒有我了，那境界之人何在？那就是吾。吾正好是可以無對、無執、無顯象的，與道者無矛盾衝突，吾與道相契合，正所謂的天人合一也。所謂的「《易》無思也，無為也，寂然不動，感而逐通……」就成立起來了。老子的「損之又損，直至無為」的道無因為有吾在。莊子的「無無」也可以成立了。沒有「吾」作為道的載體，何來聖人、真人、至人？這一切高明之處，全在於中國哲學有這個無對、無執、無相的「吾」之主體，否則一切將流入神祕主義，虛無主義，中國的哲學就汙塞不通了。西人不懂得我華夏這個哲學的奧妙，批儒、道哲學可修成聖、至人，可成仙變神人為不可思議，實則西人無中國文化的這個「吾」也，他們不可能發展出中國此等哲學來。中國現代的一些學者，不知就裏，受西方辯證哲學的影響，將辯證法引入儒學和道學的研究，特別是對老莊道無的研究，讓人讀了忍俊不禁。他們自以為是，說老子的道具有樸素的唯物辯證法思想，說老子的道是辯證的，無為就是有為，柔弱就是強壯，無德就是

17 《大學、中庸》，華語教學出版社，一九九六年第一版，《中庸・經綸章》，頁一〇一。

有德等，用此等辯證法解析老子，只能將老子的道降到有形相對的道，即實有的道。這如何窺見到老子道的「玄妙之門」？老子說那些形而下的辯證，就是為了說明他的道不需要辯證。他的道不同於人世間所說的道，他的德也不同於人世間所認同的德。他的道連個名稱都說不清楚，我們何必亂拿那些實有的東西來與道比附。老子的道，是不能用意去猜度的，更不能用辯證法去辯出個所以然來。這個道是損無以後才悟的，既已無，何來辯證？這些所謂的學者，其根本就沒有達到「吾喪我」的境界，對「吾」信心不足，以「我」來論道，這道只能是西方哲學那套可見的「實有存有論」的東西了。

十八、「玄牝之門」之可能

人退回到無思、無為以後，就可以悟道了。「易，無思也，無為也，寂然不動，感而遂通……」[1]

我們在探討認識論時，知道意識與物質就是一對矛盾，他們糾纏在一起，互相作用，這兩者在空間、時間的形式中不斷上演，由於時空是無限的，而物質也是無限的（物自體的不可知），認識就沒有終止。就是說，人類永遠找不到客觀世界的絕對真理，他永遠弄不明白這個宇宙世界，這是客觀世界總是要給人智慧的一個困擾，不能徹底弄明白它到底是怎麼一回事；另一方面，人不僅受客觀物質世界的困擾，他自身的意識，在物質及他人的意識的誘發下，又可以自我產生意識，意識對意識也不斷發生作用，人根本無法安寧。在他生存的過程中，「我思」一直在伴隨著他。我們已分析過，只要你一思，矛盾就出現，作用就產生。這個沒完沒了的矛

1 《周易正宗》華夏出版社，二〇〇五年一月北京第一版，頁六三一。

盾作用，使人困在其中，無法跳脫這個「思」的世界。

既然我們領悟到「我思」的有限性，「思」無法帶給我們走上絕對的自由，「思」也無法使我們獲得絕對的真理，那麼我們為何不放棄這個「思」呢？轉而去無思？

在開章的第一節裏，我們已述說過《聖經・創世記》亞當與夏娃偷吃智慧之果，在他們沒有偷吃智慧之果之前，他們生活是愉快的，歡樂的。這就說明，以前他們無思，還是生活得好好的。人並不一定要有思，他才能存在，人無思地活著，他照樣存在。無思在人來說，是可以成立的。這個故事也給我們一個啟示：人當初是沒有智慧的，沒有思的。為什麼現在有了「思」就不能放棄，不能回到「無思」呢？從有回到無，只不過是一個輪迴，回到人的本真。

由於人的智慧是造成人與自然對立的原因，也是人與人之間矛盾對立的原因，人如果取消意識，不要意識，那麼就沒有了主、客體的分立了，沒有了主體和客體的對立，兩者就是一體的，不分你我了。無思，就是消除主、客體的對立，消除物質與意識的矛盾，消除意識與意識的矛盾。我不思，「自我」與「非我」就消失了，我不思，沒有了動機和欲望，意志也就消失了。無，是解決這一切矛盾的唯一辦法。

我們知道，西方哲學有唯物主義和唯心主義之分，這兩者總是把物質與意識對立起來，不是物質決定意識，就是意識決定物質。這個客觀世界總是與主觀世界產生矛盾，兩者的矛盾無處不在，無時不有，要達到徹底的調和，實現人的絕對自由是辦不到的，在我們分析認識論的時候，已作了論述。在這裏我們要特別一提法國哲學家薩特，他是為人的自由作過巨大努力的人。他認為人的「自為存在」可以使人獲得自由。用他《存在與虛無》一書的表達方式來說，即人有虛無和選擇存在的權利，我將不利於我的東西虛無掉或說否定它，而朝著有利於我存在的方向發展。他這個「虛無」功能，有點類似老子的「損」。但薩特不敢「損」到無，他是為著他的存在而虛無，用通俗的話說，他的「虛無」是為他的「存在」而服務的。故他的存在是有所作為的。由於薩特的「自為存在」掙脫不了「我思」的枷鎖，他不得不咒罵他周圍的存在，咒罵他人在妨礙「我」的自由，甚至連自我的身體都成為「我」自由的障礙物。我現在想在北京王府井逛街，可是我的身體既在德國的某處，「我」如何獲得自由？薩特設計出一個良好的動機，引導我們走向自由：哪些該做，哪些不該做，就像孔夫子的「不逾矩」，或如康德的用良知遵守道德律令。但因為有為，因為有思，因為要強調「我的存在」，「我」就不免與現實（表象世界）發生矛盾。薩特的良性動機根本不可能將我們帶到絕對的自由。叔本華在他的《作為意志和表象的世界》一書裏已作了深刻的論述，他認為：「欲求和掙扎是人的全部本質，完全可以和不能解除的口渴相比擬。」[2]

人若有欲求是不可能得到幸福的，因為幸福是建立在願望的滿足上，一旦滿足出現，願望也就完了。人的欲求無止境，一個願望滿足了，另一個願望又接踵出現。這就是人為什麼在實現其人生目標後，反而徬徨不安、寂寞、空虛和無聊，覺得人生毫無意義。叔本華認為人要獲得絕對的自由，只有退回到「無」中去。他在他書的最後章節裏對「無」雖然著墨不多，他指出存在的正負號是可以轉換的，存在的變為「無」，而「無」的變為存在的。叔本華這個「無」是辯證的，與老子的「無」有所不同，但這個辯證對我們很有啟示：人退回到無中去，是不是表示著人的一切都

2　叔本華，《作為意志和表象的世界》，石沖白譯，青海人民出版社出版，一九九六年九月第一版，頁三一三。

不存在了？人什麼都沒有了？抑或是柳暗花明又一村？人生突來個脫胎換骨，鳳凰涅槃，產生一個新的人生境界？

在吾作老子的道無天人感應時，冥冥中突然開朗，覺得老子這個道無真是玄妙玄通，告之於友人。友人說，你證到一切都無了，什麼都沒有了，你還有什麼意義？連你自己都無了，人生還有什麼價值？我一時啞言。是呀，如果說一切皆無，人生還有什麼值得？後來，我從中國的古典中找到了答案：雖然「物我兩忘」了，但「吾」還在，本體是不能消失的：吾一定要與道同在。道家講忘我、忘己、忘物，無所不忘，無所不遺，但有一個在，就是「吾」。這個「吾」與自然——道同在。

實際上我們從叔本華描寫佛法鳳凰涅槃的境界就可以體悟到，人在「無」的狀態下產生的一種悟性：「而是那高於一切理性的心境和平，那古井無波的情緒，而是那深深的寧靜，不可動搖的自得和怡悅。單是這種怡悅在『人類』面部的反映，如拉菲爾和戈內琪奧所描畫的『人相』，已經就是一個完整的可靠的福音。」[3]

這個「無」，其給人帶來的，不是什麼都沒有，實際上它給人產生

3 叔本華，《作為意志和表象的世界》，石沖白譯，青海人民出版社出版，一九九六年九月第一版，四四〇頁。

一種不是感覺物象的顯現，也不是知性的概念，更不是理性推理、判斷而得來的理念，而是一種慧覺——一種天人合一的覺悟。這種慧覺，在人「損」至「無為」時才有可能出現。這種慧覺，給人帶來全新的喜悅，全新的人生境界，這個「天惠」之恩，是天賜之於吾。吾進入無相無執的冥思之中，由於慧覺的中介，就達成天人合一了。

有人可能會說，這種所謂的慧覺，只不過是人的「幻相」擺了。人在冥思苦想的過程中，出現的一種「幻相」。所謂見到上帝，上了天庭，抵達了涅槃等，都是人在念經、祈禱或進入氣功時所出現的一種精神恍惚狀態現象。這種幻相或說錯覺，不足於證明人除有感覺、知覺、理性的功能外，還有一個什麼「慧覺」。

我們暫且以「幻相」論來看，出現幻相是因為人有想像力。在「意識作用於意識」的章節裏，我們已談過這個想像力的問題，人之所以意識再生意識，是因為有想像力。但這個想像力要出現「幻相」來，也是要有一定的物質表象為基礎的，如果沒有一定的對象作為基質的與料，完全是空，他想像出什麼東西來呢？只能也是空。雖然說幻相是對事物的歪曲與誇張，但它還是有邏輯的根據律可尋的。也就是說，它是意識的。也是「我思」的產物。我想像出一個無頭鬼出現，雖然奇形怪狀，但其自身總是有某些現象的特點的。而我們所說的「慧覺」，它是在無思的狀態下產生的，沒有「我思」，它是在無意識狀態下所出現的一種心靈感應。這種感應使人心境和平，清明透澈，至善至美，

這個「慧覺」，你說它是「冥思」也好，說它是「直覺」或是「內感」也好，但它是沒有對象、沒有概念的，也是沒有時、空觀念的。他面對的是無，所有的客體均消失了，意識也消失了，時空也消失了。它的表現與內涵，與西方哲學所講的「感性、知性、理性」都不同，與想像力的幻相也不同，我只能稱之為「慧覺」。

人是否有這個「慧覺」的存在？據佛教的教義，人在修練時，要捨得放棄現世的榮華富貴、情仇恩怨，排除前世帶來的業障，放空自己，掏空自己，人在此基礎之上，才能明心見性，才有可能出現「慧覺」，立地成佛。但不是說人放棄了一切的私慾和胡思亂想之後就可修練成佛了，還要看你的「悟性」，就是你能不能出現「慧覺」，這個「慧覺」是在「頓

悟」中出現的。這與老子的「為道日損，損之又損，以至於無為」[4]到突然悟道是很相近的，都主張去思去欲，最後能不能得道，還要靠頓悟。這種頓悟出來的慧能，就是「慧覺」。人在冥冥滅滅中，他心中發出的慧能突然與宇宙的軸心（太極）接觸到了，即心（慧覺）與天道產生了一種感應，他明瞭了宇宙世間的一切，他回歸本體了，他入了「道」，他和天合而為一了，他得到了永恆，得到了絕對的自由。

對此問題，我們以薩特的《存在與虛無》來做進一步的探討：意識以此「自為存在」，那彼「存在」就被虛無了。就是說，我選擇這個存在，必然要虛無那個「存在」，就如中國人所說的「有得必有失」。以此我們來推論，我不選擇此存在或彼存在，我全部虛無了呢，我一無所有，我全無，這在它反過來說，我不是全有了嗎？實際上當一個人經歷過千辛萬苦，嚐盡人生的甜酸苦辣、榮華富貴以後，那意志厭倦了這一切，他一一將這虛無了去，直到最後，他「損」到了無，那眼前赫然開朗起來：他一生所追求的、所要得到的、完整而可靠的福音，不就是這個「道無」嗎？他慧悟到他全有了，他已與天地容為一體，他得到了永生。

4 《道德經》，安徽人民出版社，二〇〇一年十月第一版，第四十八章，頁二七〇。

我們面對那無，突然有了這種「感悟」，這種感悟是從哪裏來的呢？這當然是那無，因為這個感悟是人在無思無欲下得來的。而那無的後面肯定有某種東西啟動了人的慧覺，使他發生了感應。這個看不見，模不著，無形、無狀、無臭的東西是什麼呢？老子悟出的是「道」，佛家悟出的是「涅槃」，基督徒悟出的是上帝。老子說：「道生一，生二，生三，生萬物。」[5]如我們從老子的話倒轉來看道，道是在第五層，人（萬物之一類）要尋求得到道的話，要求得「三」，求得「二」，一直往上索，在得「一」的基礎上，才能悟道。故我在論述「老子的道」一節裏，說道是形而上之上，無之無就是說道高於形而下的萬物幾個層次，從萬物之性、之理去征道是不可能得到道的，因為它們離道太遠了。我們只有從無中去尋找，但這個「無」如何尋得？老子在四十二章接著說：「萬物負陰而抱陽，沖氣以為和。」[6]這個「氣」對我們尋找道的「線索」很重要，因為萬物是在「氣」的激盪中產生的。我以為老子所說的「氣」，就是我們悟道的中介體，人靠這個「氣」去感應出道來。這個氣就是老子的「生二」之氣。我們人對物質的理解，首先是了解物的性，然後從物性中得到物

5 《道德經》，安徽人民出版社，二〇〇一年十月第一版，第四十二章，頁二七〇。

6 《道德經》，安徽人民出版社，二〇〇一年十月第一版，頁二七〇。

的理。萬物雖然充滿著陰陽對立的矛盾，但它統一在「氣」之中。這個「氣」是什麼？我以為老子這個「氣」，不是現代人所說的「氣體」，而是現代人所說的「振動波」。古人沒有現代科學儀器，靠的是人的感應，以為這是氣體流動給人的感應。中國遠古的傳說也是由氣生成世界的。所謂的「陰陽兩氣」，這個「氣」就是一種波。以中國氣功理論的說法，人在進入到氣功狀態時，可以接收到這個氣，因為萬物都有物質波。老子以「無」悟道，恰好這個「氣」是看不見摸不著、無形、無聲、無臭的，在古人看來，這個「氣」就是「無」。中國的氣功理論解決了這個「無」的哲學難題。人以這個氣（波）為中介，就接通宇宙的本體了，明瞭這個道的所是了。也就是說人在無思、無欲、無為，寂然不動的情況下，其自身的氣返回到其自身，感而逐通，明瞭了自己——慧覺到了物自體。

我們以康德的先驗論再來看看人腦這個功能：

一、感性：以空間、時間為形式，將直觀到的表象攝入腦袋中得到印象。

二、知性：連結、綜合、統一感性的質料形成概念。

三、理性：將知性的概念進行推理、判斷，得出總概念、理念等。

這三個（感性、知性及理性）人的意識功能，是人本身就有的。就是說，在人還沒有展開認識之前，人的頭腦本身就有這麼一套認識程式在那裏。雖然，沒有表象，意識不可能出現，但我們不能否定這套程式的存在。就如一台電腦，我們沒有打開它輸入東西之前，就否定說電腦什麼都沒有是不對的。實則電腦本身有一套程式在那裏。這一套東西我們就稱為「認識的形式」。一台電腦打開它，我們輸入什麼，它就會按照我們輸入的東西做出反應，顯現出一個結果。有人知道電腦這個程式原來是這樣運作的，於是輸入一種反這個程式的木馬病毒，電腦就毀壞了。還有一種情況，電腦的容量有一定的限度，你輸入過多的信息，它也不靈光，表現不出你想要的東西。人腦與電腦的原理相類似，我們不斷向他輸入東西：表象——表象，他就不斷意識——意識。這樣，久而久之，或說不知不覺，他就中了木馬病毒。理性理念要求知性給予他圓滿的回答，而知性永遠滿足不了理性這個要求。他無法求得至善，達致絕對的自由。這就是人中的木馬病毒：他總是想用知識去追求，想用意識去弄明白這個宇宙世界，這怎麼可能呢？客觀表象世界以及人的意識，不斷輸入人腦中，他不斷產生意識。意識多了，那個人的自身就被意識所綁架了，意識總是要以表象世界為對象，沒有「對象」，他就無言以表。如果我們以胡塞爾現象學「意識的意向性」來看，你有這個意識，另一個意識就可能被虛無了，我思總得有一個意向性。這個意識的意向性，就捆綁住知性和理性的功能，使得它老是向表象世界運作而無法發揮它的全能作用。意識總要與表象世界發生矛盾，對立統一。我是我，我要存在，我不能被客體同化，沒有我思與客體的對立，就沒有了自我。就是說，我活著，我得有思，我不能不思。而這個「思」，他總得有個意向性，這個「意識的意向性」就框住你了：你只能那樣思而不能這樣思，你只能這樣思而不能那樣思。這個意向性沒完沒了，直到人死亡，思維停止。而由於在這個意識的意向性的作用下，思維一定有對象，沒有對象，不可能有思，思想無內容則空。胡思亂想也是有對象的，只是它的對象是零碎的雜多。夢也是有對象的，我們夢見了什麼什麼，總得有個表徵。意識總要與表象世界有聯繫，無論感性、知性或理性，沒有對象，意識表現出來的只能是無。意識總要表徵出什麼，也就是我們通常所說的「意有所指」。而這個「意有所指」在時空形式的運作下，不可能產生絕對。這樣，意識是有缺陷的，它不是完善而全能的。人要意識這，另一潛在意識就被虛無化了，意識總是顧此失彼，不能成全。

但是，我們知道，人是有損無功能的。他不思、不欲、不想，將他腦袋中的意識一一損去，一直損到無。這個人會發生甚麼變化呢？一切認識的內容都消失了，他不就回復到他本身了嗎？他就回復到其原是其所是的那個本體了。

我讀康德的《純粹理性批判》後有一個震撼，就是覺得康德思想的深邃，他已窺見到人認識背後那個form（形式）。這，不就是當今電腦之所以可能的理論基礎嗎？早在兩百多年前，康德就發現了人心是如何獲得知識的程式。所以我認為康德是電腦發明的鼻祖。而我們的老祖宗老子更厲害，早在兩千多年前，就發現人心是如何中木馬病毒的，並且發明一套洗去木馬病毒辦法，使人得到徹底的解放。如此看來，老子對康德這個認識形式是有所了解的，不然他就無法發明這套治人中木馬病毒的方法。故莊子稱老子為「古之博大真人哉」[7]！如果我們以清除電腦木馬病毒比喻來看老莊的道無，老莊的道無，就是人的所謂「知識」，都是外來的東西加附

7 《莊子正宗》，華夏出版社，二〇〇五年一月北京第一版，頁五八六。

於他自身上的，要回歸本真，就得將這些東西一一損去，直到無，然後才能恢復他本來的面目。

實際上，釋家牟尼、耶穌等也發現這一方法，他們都強調人要回歸本真，復歸嬰兒的天真，要空無，無所作為，才能悟道，才能回到上帝的懷抱，得永生，得涅盤。就是他們悟出了這個「道理」：只有放棄智慧，放棄作為，抵達「無」的境界，這個人心性的程式（即宇宙的程式）才有可能自動運作：連結、綜合，最後完成所有的程式，回歸本體，他才能抵達天人合一的境界。

我們來重溫一下康德的認識論：人首先通過感性，獲得零碎、雜多的與料，然後由知性將那些零碎的、雜多的與料進行連結、綜合、統一形成概念。人這個連結、統合的能力是先天的。這種連結、綜合能力，是否在人無思、無欲的情況下，就停止不活動了呢？人若無思、無為，他就沒有連結、綜合嗎？為什麼《周易・繫辭上傳》說，「易，無思也，無為也，寂然不動，感而逐通天下之故」呢？老子為什麼在損到無的時候，頓悟了道呢？佛教的三大學是「戒、定、慧」。「戒」就是「拂塵看淨」，放空自己，戒掉塵世間的一切貪欲、情困等煩惱，其目的是為了「明心見性」。因為以禪宗的說法，心性本來是清淨的，是因為客塵所染才使其如此污濁的。戒掉這一切後，心就可以靜下來悟道了，這就是「定」，也就是「禪定」。禪定的目的是為了打通經脈，使心產生出「慧覺」來，從而頓悟出佛性本體。

這個說法，說明了人在無思、無欲的情況下，那個認識的形式就消失了，感性沒有了表象，它就返回到他自身中，與那連結、綜合、統一的形式發生作用，使他產生一種回光反照的感悟來，他終於回到這個物自體——吾真正感通了。這個心性的形式，是與宇宙的形式相通的，他本就如此，並不需要表象的介入，知識的介入。意識的介入，客體的介入，反而將這一形式蒙蔽了。這個回到他自身的感悟，我稱之為「慧覺」。但這個慧覺不是人人在無思無欲的情況就可以產生的，他是頓悟，突然出現的。很多佛家子弟禪定了一輩子也沒有出現慧覺，佛家說的是經脈不通。這就是說，人在無思、無欲的情況下，他發出的「氣」（感）只有觸及腦部的某一經脈，才會自動地連結、綜合、統一起來。就像一台電腦，當人們點到某一部位，它突然自動地運作起來，完成、回歸了它所有的程式。人在無思、無欲的狀態下，他的慧波突然與宇宙的太極（宇宙的中心）接觸上了，人腦自動連結、綜合，完成了他所有的程式，他回歸了他原來心性，他整個心身成全了一個小宇宙，他已與宇宙溶為一體，入了宇宙這個道，他感悟到回歸了本體，他圓滿了、完善了，永生了。慧覺是在無的狀態下出現的，人沒有達到無的狀態，就有意識的意向性，這個意向性總要指向什麼，它阻止了人這個心性向圓滿發展，以致不能完善。只有進入無，出現了慧覺，打通了腦神經的某一經脈，它便自動開啟了人腦這台電腦的程式，因為人是上帝或說是宇宙創造的，他的心就是一個小宇宙，而在無思、無為、寂然不動的狀態下，這台電腦就不受一丁一點意識意向性的干擾，他完全按照宇宙的道——自然目的連結、綜合。終於，程式完成了，他與天合而為一，心性的一切，與宇宙完全相吻合，他達至最完美的境界。

十九、道無的演繹

老子說：「為學日益，為道日損，損之又損，直至無為。」[1]人損至無為，還會有什麼東西呢？按道理說，這個人把自己腦袋中的知識一一排除掉，沒有一點知識，那這個人的腦袋就空無了，就什麼都沒有了。實則，依康德的先驗論來看，腦袋不是空無的，那套形式還在。嬰孩沒有什麼知識，我們不能否定他的存在。正如一台電腦，我們把先前輸入的東西洗去（損無），我們不能說電腦什麼都沒有了，它先前安裝的那套程式還在。我們知道，當電腦中毒太深，我們用局部消除病毒的方法無法使電腦回歸正常運作時，就採取將所有輸入的東西全部洗去，使其恢復正常。人腦損去一切知識後，其就恢復其是其所是的那個人了。也就是老子說的「復歸於嬰孩」，「各復歸其根」。

現在，我們的困難不在於人腦是否還存在其功能的問題，而是如何證明

1 《道德經》，安徽人民出版社，二〇〇一年十月第一版，第四十八章，頁二七〇。

人沒有知識後，人還可以發生什麼問題？這就需要我們來對道無做個演繹。

康德的先驗論，其認識論是這樣的：感性以空間、時間為形式。也可以說，「出現」是知識的源泉。沒有出現，知性概念就無法起作用。所以，感性直觀，是知性功能起作用的質料。知性把感性直觀得來的雜多，進行綜合統一，得出知性概念；而由諸多、具體的知性概念，上昇到理性，理性推理得出總概念（理念、理想等）。根據康德所說的，我們認識的是現象，物自體不可知。認識上到理性階段時，就會出現二律背反（悖論）。既然我們知道理性不能最終解決問題，知道理念是不可靠的，是不可能證實的。那麼，我們是否可以放棄理性理念？我不唯心也不唯物，世界是否有神或是否是物質的這個問題我不再追問下去。我放棄信仰，我不要理性。這就是老莊的第一個損無層面。人損去了理念，沒有了理性，當然人生就無著落了，那意志沒有一個信仰所倚靠，剩下與萬物有對的知性，這個人生可想而知就如無頭蒼蠅到處亂碰了。也就是說，這個人內心沒有了底。他做什麼都隨著知性的概念而行，而知性的概念是諸多、具體的，這樣的人生是無常的，不能持久的。因此，必須把知性損去。這就是老莊的第二個損無層面。人沒有了知性概念，萬物就與我為一了，我與物就沒有相對了。然而，人的感性直觀，明明看到萬物在空間時間中變化，人與物是相對的。要消除這個知性概念，最後必然要損去時間、空間這個形式。只有消除時間空間這個形式，才能斷絕知性的概念。人沒有了知性概念，當然也就沒有了那個不切實際的理性理念了。

說到此，問題就出來了。電腦將其輸入的東西損去，它就回復其原來的模樣——回復其原來的程式，而人沒有了知性、理性後，他會怎樣呢？這裏我們必須注意感性這東西：感性是激發心靈活動的源泉。感覺有幾種：與知性結合，它就激發出想像力，將雜多、單一得來的現象進行綜合統一，得出概念；與意志結合，它就產生好壞的情感；與性結合，就產生愉悅或不愉悅的情感。康德說時間、空間是感性的形式對知性來說是說得通的，但對意志、性情方面是說不通的。如一個人病了，他感到不舒服，但你叫他說出身體哪個部位不舒服他也說不出，這個感是沒有空間位置的；人常常會發生這樣的情況，做某一事情入迷後，把自己也忘掉了，到底自己有沒有吃過飯都不知道。這就是沒有時間形式的表現。康德在其

《判斷力批判》一書中說到審美判斷力時，他說他的先驗審美判斷，是沒有概念、沒有目的性的，但既符合目的性的一種心性愉悅。譬如我們看一朵花很美，我們不能用知性、理性去概念它，我們也沒有懷著一個目的去審視它，只是我們人人看到它，都覺得它美，與我們的心靈相應，產生出一種非常愉悅的、舒適的美感。康德這個審美判斷力，就把人的一個非常奧秘的東西揭示出來了：原來人沒有知性和理性，他還有一種感應能力。這種感應力康德稱為審美判斷力，我則認為它還是屬於感性力。這種感性力直接與心靈交通，使心靈產生一種圓滿的、愉悅的、非常美妙的感覺。我之所以稱之為「感性力」而不是康德說的「判斷力」，是因為判斷要有思維，而這種感性力是直接與心靈發生作用的，他不經過任何的思，你一看就覺得它美。它是感性直觀的。最能說明這個問題的是男女交合在高潮的那一刻，他感到周身都通達了，非常愉悅與美好。這可能就是哲學家伯格森所說感性直觀高於理性的那個東西。這種感觸力直接啟動心靈的某一部位，使心靈散發出美感來。他是沒有經過任何思的。他沒有知性、理性的概念，與意志沒有任何關係，也沒有什麼目的性。然而他既感到一種美好的心性圓合：一切，盡善盡美，沒有一點瑕疵與紕漏。

這與我們聽一種「無題」的音樂相類似：這個樂曲是沒有主題的，就是說，它是沒有知性、理性概念的，但它的每一個音譜是那麼美好動聽，處處打動人的心靈，與心靈相吻合，產生一種美好的境界來。

不管康德稱為「審美判斷力」也好，或我稱為「感性力」也好，這種力，在人沒有知性和理性時，它是存在的。這就是說，人不一定得有思，不一定要靠知性和理性才能生活，沒有知性和理性，人還有這種「感性力」而活。

莊子在他的〈天下〉一文中說彭蒙、慎到他們的道時，是這樣說的：「公而不黨，易而無私，決然無主，趣物而不兩，不顧於慮，不謀以知，於物無擇，與之俱往。」彭蒙、慎到這個「道」，就是不要知性和理性的。沒有善惡、好壞之分，沒有自主性，也不想知道什麼，與物沒有什麼兩樣。這種說法，很像老莊的道，然而莊子既藉豪杰的話來批評慎到他們這個「道」：「非生人之行而至死人之理，適得怪焉。」為什麼莊子說這個「道」說的是死人的道理，在生人是行不通的呢？原因就是彭蒙、慎到他們這個「道」，把人這個「感性力」也丟掉了。你「於物無擇，與之俱往」，就是把人這個最基本的感性力去掉了。你沒有一點「感覺」，與死人就沒有什麼兩樣了。

我們只有證明出人這個「感性力」，即康德所說的「審美判斷力」先天存在，就是說，它是不依附於知性和理性而存在的，我們才能證成老莊的道無之可能。康德說這個「審美判斷力」是沒有知性、理性概念的、與意志也沒有發生關係，它是毫無目的性、但又符合目的性的一種心性愉悅。如此我們就看出，原來我們心性，在很大的程度上被知性和理性綁架了。如我們當初看到某女子很美，後來知道此人做了很多壞事，並知道她是妓女，再看她時，又覺得她不美了；再如一個人以達到金錢富有為目的，他看到一個很有錢的醜婦也是很美的。這種審美判斷，是隨著知性、理性的概念而轉移的。若他懷著一個目的、一個概念去下判斷，其審美就會呈現出一個意識的態度。這種審美觀，不是普遍必然性的，是滲入意志、知性和理性概念等有目的性的判斷。它是隨著時空的推移而做出的有意識的判斷，這就使我們得不到自然的「天地之大美」。人只有放棄知性和理性，其純粹的審美判斷力才能在自由中發揮作用。德國詩人席勒說：「美是現象中的自由。」（席勒：一七九三年二月給克爾納「論美的信」，Schönheit ist Freiheit in der Erscheinung）席勒在研究康德的審美判斷中，得出這個最有力的結論。「美是現象中的自由」，沒有自由，就談不上真正的美。那麼，要如何做到在現象中自由呢？就是要消除知性、理性的概念。說到底就是不要啟動認識的形式。人只有消除這些人為意識到東西，心靈才能自由地和世界相照應，反照出「天地之大美」來。

我們來看看莊子是如何悟道的。他在《大宗師》裏說：

> 吾猶守而告之，參日而後能外天下。已外天下矣，吾又守之，七日而後能外物。已外物矣，吾又守之，九日而後能外生。已外生矣，而後能朝徹。朝徹，而後能見獨。見獨，而後能無古今；無古今，而後能入於不死不生；殺生者不死，生生者不生。其為物，無不將也，無不毀也，無不成也。其名為櫻寧，櫻寧者，櫻而後成者也。[2]

2 馬恒君譯著，《莊子正宗》，華夏出版社，二〇〇五年一月北京第一版，頁一一三。

以莊子這個說法，要悟道，首先要過三關：一是外天下；遠離塵世的情懷，即拋棄人世間的是非、善惡、名利、得失等思為欲望；二是外物，與物無礙，即萬物與我為一；三是超越生死，這樣你就能看破紅塵，看透人世間的一切了。到了「朝徹」這個地步，你就看到獨特的道了。這個道是無古今時間觀念的，沒有古今的時間觀念，那就可以進入到那無生死的境界了。殺掉這個生命說他死了並未見得就是死了，養生這個生命說他生著並未見得就是生著。（看來莊子已懂得物質的不滅定律，知道他轉化成其他物質去了。）凡為物的，無不有其變化，有送走，就有迎來；有毀滅，就有生成；但道是不會被消滅的。這就叫做櫻寧，櫻寧就是說它啟動以後就以這個道而運行了（道是不以人們的意志為轉移的）。

我們從莊子說的話可以看出，外天下與外物，正是消除知性、理性的手法。把知性、理性的概念損去了，人就沒有知識了。沒有了知識，就消除了人與人之間的矛盾，消除了人與物的矛盾。最後再損去這個生死的時間觀念，人就可以進入到那毫無牽掛的自由之中了。只有在這個自由之中，才能看到獨特的道——「天地之大美」、「獨與天地精神往來」。這是最高的人生境界。只有進入到無概念、無目的、與意志毫無關係的自由中，才能在現象照應中由心性顯現出來。牟宗三先生說康德已幾近聖人的境界，並說康德沒有達到這個境界是因為康德不承認人有智的直覺。[3]

而牟先生的老師熊十力先生，在哲學界則創造兩個新名詞：叫「量智」與「性智」。（見熊十力《新唯識論》）以我的看法，熊先生這個「量智」，相當於西哲的知性和理性；而「性智」，則是牟宗三先生的「智的直覺」。自蘇格拉底以降，西哲只有感性直覺，而沒有理性直覺。熊、牟兩位先生的說法，是很值得玩味的。我上面否定康德所說的「審美判斷力」，不是判斷力，而是感性力。就是這種力沒有經過任何的思考判斷，它是直接與心性結合而得出的反應。即《易經》所說「感而逐通」的那個「感」。由此來看，熊、牟兩先生的說辭就很有意義了。人是否有「性智」，有「智的直覺」？不用猜度、思考就直接可以「感而逐通」？這個「感」，也可以用熊先生的說法，叫「性智」，也可以用牟先生的說法，叫「智的直覺」。古老的《易經》稱為「感」，順其自然，我則稱為「感性力」。人是否有智的直覺？我以為老莊這個道無境界就是智的直

3 《牟宗三集》，群言出版社，一九九三年十二月第一版，頁一〇八。

覺。那大自然與他直面相照，心性與天地直接相通，他，大徹大悟了。其「和光同塵，與時俱化」，「獨與天地精神往來」，看到「天地之大美」。這種力，直接貫通於心性，一通百通，沒有半點「讓我想一想」的時間性，他是直覺的感應。

康德這個先驗「審美判斷力」，差一點就把老莊的道無揭示出來了。原來人的心性與現象（大自然）有一種契合裝置（形式），一旦現象與心性相契合，他就發生出美感來。我們由康德這個「審美判斷力」再往前推，莊子何以能看到「天地之大美」，比康德看到一朵玫瑰花美的審美力度更大，大到整個天地了？由此我們推測出，人的心性，本就與天地相通的，他是宇宙世界生成的一分子。我們看不到天地之大美，是因為我們被紛紜繁雜、變化多端的現象所迷惑了。只有我們消除知性、理性的概念，消除意志的欲望，整個天地之大美才能照面而來，心性才能與之直接相契應。

由於這個「天地之大美」是直接與心性相照應的，因此老莊說他們的「道」是頓悟出來的就有根據了。經過思考、進行邏輯判斷出來的，就不是智的直覺了。

寫到此，我不得不贊嘆明朝王陽明悟道的精到之處。王陽明雖一儒者，其道界確與老莊相通。他的愚夫愚婦皆可成聖人，就說明人人本就有一套與天地相通的形式，就看他損無的功夫有沒有達到「直至無為」，在那「無思、無為、寂然不動」中，那個感與自由的現象中相遇，一旦心性契合，他就發出美感來。王陽明這個愚夫愚婦皆可成聖人的說法，用康德的先驗論來說，就是人在驗前（a priori），他本身就有一套形式在那裏，這套形式可以使愚夫愚婦證成聖人。這個說法，證明老莊的道無具有一個普遍性和必然性的人類學依據。老子就說過：「吾言甚易知，甚易行。」[4]

莊子也說他的道「不傲倪於萬物，不譴是非，於與世俗處」[5]。老莊的道無並不神秘，是可以昭彰實行於天下的。

4 《道德經》，安徽人民出版社，二〇〇一年十月第一版，第七十章，頁二七三。

5 《莊子正宗》，華夏出版社，二〇〇五年一月北京第一版，頁五八九。

二十、玄之又玄，眾妙之門

西方神秘主義哲學，亦稱為「天啟」哲學，其主要根源在於哲學上的「不可知論」。因為人靠理性無法尋找到絕對真理，不得不從神性與天啟上尋求。雖然此類哲學灌輸著不少神秘色彩，但還是以理性尋求為依據。一是以自然現象尋求真理，從自然運動規律的奇妙尋找符合世界的目因；二是以神跡開啟哲學，宇宙自動因幕後的推手——上帝。人們對此種哲學常冠之於「非理性主義」，但實質上還是有理性在裏面。就如我們中國的宋明理學，它的「天理」是有跡可尋的。從心性、物性、天象都可尋找出「天理」的合理性。西方哲學家如斯賓諾莎、謝林、齊克果等，也脫不了從自然、心性、神性方面去尋找，但由於他們掙脫不了理性的枷鎖，自然而然就走上二律背反的悖論：一方面要講本體論，另一方面又不能用理性證明上帝的存在。中國的儒道也是如此，一則講天道無體，二則其道德論有體，其天道昭彰明顯，格物而致知，率性而謂道。此等存有論，都不可能全而圓，抵達天人合一之道。

老莊悟道之奧秘，其有如下幾個特點：

一、在於他抵達「知常」以後，就放棄智識，不要智識。所謂「知常」，我以為只要知性就夠了，不需要運用理性。即對我們所處的世界，認識「一般時真理」（參閱有關我論述〈真理〉一章）就夠了。我們用知性「知常」了，這個世界就被我們所認識，如果我們運用理性，繼續追問下去，這個宇宙世界就永遠認識不了。西方人的理性，對科學很有用處，可是對哲學既是個死結。表面上我們看到理性似乎無所不能，他不斷地認識事物，這個世界不斷被發現、不斷被認識，可是我們得到的永遠是相對而達不到絕對。這個理性的誘使，反而使哲學陷入困境，裹足不前。那些追求「第一動因」，尋求本體論的哲學家們，只能望「無」興嘆。理性無法「打破砂鍋問到底」，它無法解決「先有雞還是先有蛋」的問題。這是亞里士多德創造關於思維的邏輯學以來可能沒料到的困境。理性竟會如此無能，常使人陷於自相矛盾之中？及至到了康德的出現，才指出了理性的侷限性。康德雖為理性劃清了界線，但其遇到終極問題，還是「不可知論」。究其原因，還是理性在作怪。而老子則不同，他的高明之處在於：他不涉及理性，只到知性的「知常」而止。「知常」就是認識了這個人類的世界，決不會有理性的困擾。因為「知常」了，這個世界不再有激起我們意識的欲望，意志寄託於意識的活動來尋求歸宿落了空，人生到頭來竟是如此毫無意義：一切都隨著死亡而消失，什麼榮華富貴、什麼王尊貴主、什麼人生刺激享受，都沒有用，一切都是短暫而虛妄的夢幻。但意志不會就此屈服於知性而停止活動，一是跨向理性掉入不可知論的深淵讓意志夢斷黃粱，無所歸宿而死；二是到知性的「知常」而止，轉而去做天人感應，抵達天人合一的境界，讓意志歸宿於那圓滿的心。一切都完美了，完善了，生命意志有了歸宿的滿足感（梁漱溟稱之為「情志安寧」）。於是，意志有了安適的場所，它不再蠢蠢欲動，它不再有所欲望，它與心合而為一，它安息了。人在他有生之年得到永恆的價值意義。

西方哲學自亞里士多德以後，雖有類似老子「無」的天啟哲學，但因為這些哲學都是在理性走到盡頭後，無法證明世界宇宙最後的「自動因」

或說「物自體」才轉而祈求天啟，因此這些哲學都帶上神秘的色彩。而老子的哲學不同，他認為「知常」（知常曰明）就是認識這個世界了，[1]這個世界不需要再認識，就是「人法地」[2]的任務已經完成，可以轉而去「地法天」了。這是幾千年來，人們看不到老子這個道無玄妙之處。這也是西方理性哲學所無法理解的。

二、是老子的「無」，他將一切思維、智識、欲望都拋棄，一下子損到「無為」，是徹底的無我主義。他不是黑格爾的從無到有的精神辯證法，也不是叔本華的意志消失後的「無」。[3]老子的無就是無，他沒有半點的我，他是徹底取消對象的無我主義者。只有象老子那樣徹底的無，才能悟道。後世的哲學家，不用說悟道了，就連抵達「無」的境界都不可能。他們不能理解，這個世界明明還沒有認識完畢，從物質的分子、原子、一直到原子核的中子、質子等，物質遠遠還沒有窮盡，怎麼說我們已經認識了這個世界了呢？還有宇宙及人類本身有無盡的東西都未解，我們又有什麼理由說我們已經認識了這個世界了呢？西方哲學家無法認同老子，也窺見不到老子「玄牝之門」的奧秘。而中國的一些理學家，他們雖然認同老

1 《道德經》，安徽人民出版社，二〇〇一年十月第一版，第十六章，頁二六六。

2 《道德經》，安徽人民出版社，二〇〇一年十月第一版，第二十五章，頁二六八。

3 叔本華的「無」是辯證的，他說無的對立面就是有。參看叔本華《作為意志和表象的世界》最後章節，青海人民出版社，一九九六年九月第一版，頁四四〇—四四一，有人認為叔本華是個存在主義者，他是尼采、齊克果、海德格、薩特等存在主義者的祖師爺。著者。

子「知常」的知性論，但既將「知常」等同於悟道。他們論證有一個天理存在，說它無聲、無臭、無象，看不見，摸不著的，說這是「常道」，我們從物性及人性中綜和此理性，就是得道了。我認為這與老子「無為」後頓悟道是有距離的。老莊之無為而後悟道，所得之道是「無無」，即自然之無。而儒家用心性去包裝的無，只能做到莊子說的「江海的閒」，有意識的無。這種論道方法，與老子恰恰相反，老子是到了知性就返回無中去，而他們既從知性邁入理性，以理性論證天理的存在。故這種道，其實是看得見，摸得著的，是有聲、有味、有象的，也就是說它是可名的。中國漢朝以後的論道，及至宋明理學的「天理」，都是有「理」可循的：一是從自然現象尋求道（天理）的存在；二是從人性中尋求道的存在。花鳥草木的表現，人心性的展露等，來展現他們天理的合目的論。即將天道採取一種「不可知之知」方式來論述，與康德說「理念」相類似：我們從萬物之性可以尋求得天道，天道就是萬物宇宙生成的法則，但天道的本體是什麼？我們不得知。這些論道的方法，基本上是將老子「知常」的知性轉化為理性論述，還是在存有界上作道論。其是否已進入「無」的氛圍中悟道？我以為這只是在無界中做有論。莊子以為「無」有兩種，一種是人為之「無」，另一種是「無無」，叫自然之無。達到「無無」之境界，才是真正的自然無。此「無無」是不可說的。那人為之「無」是可說的（見《莊子‧知北遊》「光曜和無有的對話」）[4]。

儒家的天道，只是進入無為境界而做的目的論靜觀。一個可說的實踐理性天道。我們要對老莊的「道」有所悟解，首先要明瞭不是損至無就得道了，而是在無為的狀態下作悟道。可以說儒是至無而止，道還要無後而無，即「無無」。因此我以為，老子的「無」是徹底的無我主義，損去一切思欲，達至無我的境界。

三、老莊的道，雖然無我，但不能沒有「吾」，沒有吾，如何悟道？中國人對「自我」的體悟，已到出神入化的地步。這個「我」與那個「吾」所表達的意義是有所不同的。「我」是對外稱呼自己，有其主、客矛盾的對立面，當我稱「我」時，這個「我」，是含有主、客體意識的「我」，他是有別於「非我」的我，他將世界分為主、客體兩個方面，我的存在是與他物或他人不同的，我是我，他是他。而這個「吾」，是在

4 《莊子正宗》，華夏出版社，二〇〇五年一月北京第一版，頁三八二。

其自己，他是主體，但不一定包含主、客體意識的成份，也不需要有一個「非我」的對立面才成為「吾」，「吾」就是其本身，吾可以無思、無欲、無我，沒有主、客體之分。中國人的造字，真是奇妙得很，這個「悟」字，一個穿心旁加一個吾字，就是吾自己心的感應。它與西方傳統哲學上所說的「感性」、「知性」及「理性」的含義都不同。它可以有對象而悟，亦可以無對象而悟，故老子的道在無的狀態下頓悟得到在我們看來是可以成立的，而在那些理性哲學家們看來是不可思議的，絕對不能成立的。二千年來，人們將老子的哲學打入虛無主義，說其沒有人生的意義，是出世哲學。就是人們沒有看到，老子雖然沒有了「我」，但既有一個「吾」。這個「吾」充滿了道，吾得到了「沒身不殆」的永恆人生價值，是「我」永遠也追求不到的。老子說「道」不可言說，其一個隱秘性也在這裏，你一說出「道」的所以然來，它就帶有「我」了，就失去「吾」悟道的精妙之處，「我」能把道說出來，那人人是可以學的，這個可以通過學習而得到的道，就不可能是真正的道了。但如果沒有了「我」，人活在這個世界上還有意義嗎？意義雖然沒有了，但「吾」既進入另一個人生的境界，獲得了最高的人生境界。所以老子這個「道」，在乎你自己的「吾悟」，而不在乎「我思」的那個「我」。它無思、無欲，沒有自我，更談不上什麼普遍性和特殊性。但在道的人生價值上，不能沒有「吾」，沒有「吾」，就沒有了哲學的本體，沒有本體，則無從談起，也就失去所有的人生價值。老子的哲學——道無，不要智識，不要思欲，要「無為」，正是要去掉這個「我」字，使自己進入到無的境界；而進入無的境界頓悟得道後，它就自然成全了「吾」——「沒身不殆」了。老子的高明之處，在於他不說道是什麼，因道是無極，又是「吾」之悟所得，這不可說，但他既說出入道的方法，人如何「損，損之又損，以至於無為」[5]就可悟道。這與儒處理「天道」恰恰相反，儒家將天道概括為宇宙萬物運行的法則、規律。然後教導人如何作為，才能順應天道。固我在前幾章說儒的天道與基督教的上帝很相似，將一個不可知之知上下折騰：講下面的人與萬物時，往天上推，說這都是天道如此規定的；講天道時又將所謂的性善裝進天道裏，天道似乎又是可知的，但論到至極－聖人之境界時，天道又是不可知的。所以，我以為老子說道，非常高明，非常玄妙就

5 《道德經》，第四十八章，頁二七〇。

在這裏，他不說道是什麼？但有方法可以悟道。

此外，我以為老子的道是超越一般的「真、善、美」道德規範的。人已達無的境界，還有什麼「真偽」、什麼「善惡」、什麼「美醜」？老子的「無為」是超越這一切道德判斷的。《老子》一書，有人把其分為上下兩篇，上篇講「道」，下篇講「德」，合而為《道德經》。其實老子的「德」也與其「道」一樣說不清的，他的「上德不德，是以有德；下德不失德，是以無德；上德無為，而無以為。」[6]是什麼樣的德？他講的可能是上天的一種自然道德？這個「德」，你不要刻意去規範有一個什麼德的存在，你只要處在無為的境界中，你就自自然然地遵守了。你用意去做，以為不失德，反而失去了德。在第四十九章講「善信」也是如此。老子說：「聖人無常心，以百姓心為心；善者吾善之，不善者吾亦善之，德善；信者吾信之，不信者吾亦信之，德信。」[7]

在中國大陸有學者認為《老子》一書充滿著辯證法思想（參閱安徽人民出版社出版的《道德經》一書的陳國慶、張養年的〈注釋〉。二〇〇一年十月第一版），我以為老子的道恰恰相反，他是不要辯證的，他的「德

6 《道德經》，安徽人民出版社，二〇〇一年十月第一版，第三十八章，頁二六九。

7 《道德經》，安徽人民出版社，二〇〇一年十月第一版，第四十九章，頁二七〇。

善」、「德信」（真、善、美），都是在「無為」之上的。如果強給它一個名稱，只能說它是自然的真善美。它是沒有對立面的，也就是說，它沒有矛盾的對立統一，真就是真，善就是善，美就是美。他沒有通常所謂的「普世道德」價值判斷，這是至善、至美、至真。在通常我們人世間，說有善，就有惡的存在，有真，就有偽的存在，有美，就有醜的存在，兩者是相對而言的。但老子講的「德善」、「德信」都是上天自然所形成的，若滲入人意識的判斷，它就不是那自然的「德善」、「德信」了。老子說那些有辯證法的東西，是為了指出有一個不可說，也不可辯證的道。我們若以此來說老子是個辯證法家，我以為是錯置。老子這個道界，按老子「道生一，生二，二生三，三生萬物」的說法，老子是站高出人類和萬物三個層次看人生的。他的道是超越「陰陽界」的，是無矛盾可說的，故我以為老子不可能是辯證法家，以辯證法來看老子的道，是小看老子了。我們試以基督教的說辭說之：我們人類與萬物生活在第一界（即地球這一界），天使和魔鬼生活在第二界；而上帝又高出天使和魔鬼，是處在第三界。上帝在最高的層次上，祂當然把這一切看得清清楚楚。天使和魔鬼的法術，在我們人類看來變化莫測，在上帝來說，只不過是雕蟲小枝。如此來說，我們人類的所作所為，上帝看得一清二楚。基督教徒祈求能上天堂與上帝在一起為最大福音，就是在天堂他們不單無憂無慮，很快樂，而且不再受到魔鬼的誘惑，能看清世上的一切。老子的道，就是站在上帝的層次看人生。他是高於我們普羅大眾的人世間三個層次的。一則其道不可說；二則無人世間的是非道德標準，判斷對錯；三無萬物性情所累。其和光同塵，與時俱化。天使、魔鬼這一層（形而上）還可以講辯證，到了道那一層則無辯證可言。我稱此道中人為「觀賞人生」。即用一種最高的審美判斷力來觀賞人生。人以無為而坐忘道中（將吾推到上帝的境界），然後迴光反照，再來審視人生，用老子的話說叫做「玄覽」[8]。

吾人只有用一超越的最高審美觀，才能將老子、莊子所言之道體會出其真味一二：何謂不德之德？不善之善？不信之信？若我們用第一界的眼光來判斷，老子的話是矛盾的，不德就是有德，有德的反而是無德？用辯證法判之，說他充滿辯證，實則錯之。若我們將自己拔高，站在形而上之上，「吾」對這第一層次看得就清清楚楚了：那是你們人為的判斷，什

8 《老子道德經河上公章句》，中華書局出版，一九九三年八月第一版，頁三四。

麼德不德？信不信？善不善？這是你們一般人用意識作為判斷得出來的東西，在吾這一層次裏根本就不存在這個問題。吾無所作為，與天地為一，何來是非？善惡？美醜？莊子在其〈大宗師〉裏有一段話就證明這一點：「其好之也一，其弗好之也一，其一也一，其不一也一；其一與天為徒，其不一與人為徒。天與人不相勝也，是之謂真人。」[9]

何故莊子說這也是一，那也是一，沒有一個真理標準嗎？真人之境界，吾人只能用一種超越的審美態度觀嘗之：他就像一個高明的棋師，他坐在看台上看你們這些三四流的棋手在下棋，他掌控一切，看透一切，但他不說，也不指點（不似儒要有所作為）。這如〈大江東去浪淘沙〉辭云的白髮樵伕，貫看那秋月春風、潮起潮落，那些所謂的英雄豪傑，王侯將相在那裏胡作非為，但「青山依舊在，幾度夕陽紅」，這些所謂的風雲人物都一一被自然淘汰了，他們為爭名奪利白白斷送一生，他們看不到自然之大美，感應不到「道德」之至善。我們只有用一種超越的審美態度來看老子的道，才能有所體悟。莊子說：「獨與天地精神往來，而不敖倪於萬物，不譴是非，以與世俗處。」[10]

9 《莊子正宗》，華夏出版社，二〇〇五年一月北京第一版，頁一〇六

10 《莊子正宗》，華夏出版社，二〇〇五年一月北京第一版，頁五八九。

「不敖倪於萬物，不譴是非」，但可以與世俗共在的審美態度，是完全不計較利害關係的，也不與知性概念和理性理念有關係。我稱此為觀賞人生。

我認為人的生活有三種類型：

一、感受人生：什麼人生的甜酸苦辣都想去感受感受，他以世界為舞台，去體驗、去感想，正象一個作家在他的墓志銘說的：他愛過、恨過、奮鬥過，這種人生，感性多於理性。

二、享受人生：有計劃，有組織、有目的地安排他的人生，從中尋找自己價值生活。這種人，理性多於感性。

三、觀賞人生：對人生採取一種觀賞的態度。他不介入人的是非、恩怨、悲歡離合等的情感價值判斷，就像「白發如樵江諸上，貫看秋月春風，一壺濁酒喜相逢，古今多少事，都付笑談中。」這種觀賞人生，有點類似坐在電視機前的人，電視報道哪裏死了多少人，哪裏出了個荒唐事，但他還是看得津津有味。就是他採取一種觀賞的態度，如果他看到事故死的是他的親朋好友，帶入感情、是非評判就不同了。不過，我們說老莊這個道無境界，比坐在電視機前那個人的觀賞態度更高出幾個層次，這是一種最高的審美觀。老子說的是「滌除玄覽」[11]，那個得道之人，他是坐忘在最高的無極之中的，其情志安寧，心如止水，和光同塵，與天地為一。那自然之大美一一朗現，那至高至極之德善在心中清明透澈，常住不溢。他至善至美，這正是天人合一的最高境界啊。

11 《老子道德經河上公章句》，中華書局出版，一九九三年八月第一版，頁三四。

參考書目

康德：《純粹理性批判》，台灣仰哲出版社出版，民國七十六年九月版。
康德：《純粹理性批判》，華中師範范出版社出版，韋卓民譯，二〇〇〇年七月第二版。
康德：《判斷力批判》，人民出版社出版，鄧曉芒譯，二〇〇二年十二月第二版。
康德：《實踐理性批判》，九州出版社出版，張永奇譯，二〇〇七年喔月第一版。
文德爾班：《西洋哲學史》，台灣商務印書館出版，羅達仁譯，一九九八年八月第一版。
叔本華：《作為意志和表象的世界》，青海人民出版社出版，石沖白譯，一九九六年九月第一版。
《叔本華文集》，中國言實出版社出版，鐘鳴、陳小南、趙野、金玲譯，一九九六年十二月第一版。
尼采：《查拉斯圖拉如是說》，文化藝術出版社出版，伊溟譯，一九八七年八月北京第一版。
《尼采文集》，改革出版社出版，一九九五年十二月第一版。
《唯物辯證法大綱》，人民出版社出版，李達主編，一九七八年六月第一版。
艾思奇：《辯證唯物主義綱要》，人民出版社出版，一九七八年十一月第三版。
黑格爾：《小邏輯》，台灣商務印書館出版，賀麟譯，一九八〇年七月第二版。
胡塞爾：《第一哲學》，台灣商務印書館出版，王炳文譯，二〇〇六年六月第一版。

泰奧多・德・布爾：《胡塞爾思想的發展》，台灣仰哲出版社出版，李河譯。民國八十三年四月出版。
《現象學史》，正中書局印行，詩鎚戈博 著，李貴良譯。民國六十年九月初版。
馮友蘭：《中國哲學簡史》，北京大學出版社出版，一九八五年二月第一版。
《牟宗三集》，群言出版社出版，一九九三年十二月第一版。
《熊十力集》，群言出版社出版，一九九三年十二月第一版。
《梁漱溟集》，群言出版社出版，一九九三年十二月第一版。
金岳霖：《知識論》，台灣商務印書館出版，一九九六年六月北京第二次印刷。
老子：《道德經》，安徽人民出版社出版，陳國慶、張養年注譯，二〇〇一年十月第一版。
嚴靈峰：《老列莊三子知見書目》，中華叢書編審委員會出版，民國五十四年十月印行。
《老子道德經河上公章句》，中華書局出版，一九九三年八月第一版。
《道德經的智慧》，丹明子編譯，內蒙古大學出版社出版，二〇〇四年十月第一版。
《論語》，藍天出版社出版，二〇〇六年八月第一版。
《論語孟子選註》，柯樹屏、萬驪編著，正中書局印行，民國五十五年二月初版。
王陽明：《傳習錄》，中州古籍出版社出版，於自力、孔徽、楊驊驍注譯，二〇〇四年一月第一版。
楊國榮：《王學通論——從王陽明到熊十力》，華東師範出版社出版，二〇〇三年九月第一版。
薩特：《存在與虛無》，三聯書店出版社出版，陳宣良譯，一九八七年八月第一版。
高宣揚：《薩特傳》，三聯書店香港分店出版，一九八六年十一月香港第一版。

海德格：《存在與時間》，桂冠圖書股份有限公司出版，二〇〇二年二月初版三刷。

郭博文：《經驗與理性——美國哲學析論》聯經出版社出版，民國七十九年四月初版。

《西方著名哲學家評傳》第三、第六、第八卷，山東人民出版社出版，一九八四年十二月第一版。

司馬云杰：《大道運行論》，山東人民出版社出版，一九九二年一月第一版。

《大學、中庸》，華語教學出版社出版，一九九六年第一版。

李澤厚：《批判哲學的批判——康德述評》，三民書局股份有限公司出版，民國八十五年九月初版。

《莊子正宗》，馬恒君譯著，華夏出版社出版，二〇〇五年一月北京第一版。

《周易正宗》，馬恒君譯著，華夏出版社出版，二〇〇五年一月北京第一版。

《孟子》，台灣智揚出版社出版，民國83年版。

賴永海：《中國佛教與哲學》，宗教文化出版社出版，二〇〇四年八月第一版。

張東蓀：《理性與良知》，上海遠東出版社出版，一九九五年六月第一版。

梁啟超：《中國近三百年學術史》，北京中國書店出版，一九八五年三月第一版。

杜維明：《現代精神與儒家傳統》，聯經出版社出版，一九九七年五月初版第五刷。

《聖經》新舊約全書和合本，無出版社名稱。

Immanuel Kan: “Kritik der reinen Vernunft”. Felix Meiner Verlag, Hamburg.

Ruediger Safranski, “Schiller als Philosoph—Eine Anthologie”, Fischer Taschenbuch Verlag Frankfurt am Main, September 2009.

後記

這是一本天才的大作。天才，非我所為也，乃天之造作也。「非天下之至神，其孰能與於此？」（《易經・繫辭傳上》）自蘇格拉底以降，西方辯證哲學高矣，深矣，莊矣，至矣。如此延綿幾千年，誰孰能以正之？老莊將那道無不可說而說之也久遠了，誰解其中味？

一九五七年六月八日（農歷五月十一日）子時，在海南島儋州一個叫高洋的村子裏誕生了一個嬰兒。這個嬰兒就是我。父親依照客家人的傳統，天蒙蒙亮，帶上犧牲及香火，到伯公山去做崇拜，敬祝我的誕生，求伯公保佑。剛到伯公山，一隻黃鶴從伯公山升起。父親回來後告訴母親這個情景，說：「黃鶴昇起，就以此意取名吧。」父親小學畢業，也讀過些書。他為了把我的名字取得高雅有文質，因客家人的「鶴」與「學」是同音，就取名為「黃學昇」。父親是希望我將來有學問。這是在我長大後父親對我說的。

冥冥之中，似有一命運左右著我的人生，「黃鶴」與「黃學」就一直伴隨著我的成長。「黃鶴」（古人有「黃鶴一去不復返」之句）標志著我一生的漂泊；「黃學」說明舊學、古學（古黃色的學問）早就埋下種子，我為什麼會對古代的中國學問感興趣？五、六歲時，父親被當時的「公社」調到「美萬水庫」管理水庫，全家搬到山溝裏。那裏遠離學校，我要讀書，就得寄宿在伯父家。小小年紀，就離開父母身邊，過著寄人籬下的生活。在我讀小學二年級時，毛澤東發動的文化大革命就來了。那時我們根本就沒有書讀，每天以毛主席語錄作為課本識字。記得老師叫我們背「老三篇」（毛澤東的〈為人民服務〉、〈紀念白求恩〉及〈愚公移山〉三篇文章），我竟用三天時間背下來了，那是第一次感覺到自己有很好的記憶力。讀書識字，就這樣來的。當時小學就語文和算術兩門課，作業也很少，平時都是在玩泥巴、捉土狗過日子的。童年無忌，過得也無憂無慮。到了小學四年級時，一個偶然的機會，也可說是改變我人生的開始。一天，一個同學對我說，他正在讀一本叫《香飄四季》的小說，很好看。

我也好奇，就懇求同學借給我讀。自那以後，就如大壩缺口，水流不住，我從那就喜歡上讀書。班上就我們幾位同學，到處去搜集書籍，互相傳閱。那時民間的藏書多是蘇聯的作品，可以說，我的文學知識啟蒙，是從俄羅斯文學開始的。小學五年級，就知道普希金、萊蒙托夫、托爾斯泰的名字了。到了初中，數、理、化（數學、物理、化學）雖沒得讀，（當時將後兩者改為「農機」和「化工」，說的都是養豬和煉鋼鐵的事）但有教哲學課，叫「馬克思的唯物辯證法」。記得最深的是批判英國哲學家巴克萊的「存在就是被感知」，說巴克萊非常荒謬，當他碰到一塊石頭哎喲一聲時，一個人問他，假如你沒有碰到這塊石頭，這石頭存在嗎？巴克萊回答說不存在。我當時竟認為巴克萊是對的。小小年紀，為什麼會想出與眾不同的答案，我也不知道。也許是想顯示自己的聰明吧？或是自己天生就有一種叛逆心理？我自己就寫過一篇寓言，說在路邊長著一顆帶刺的樹，非常盛茂，這是因為它身上帶刺，人們都不敢去傷害它。而那些身上沒有刺的樹就被人摧殘而生長不好。三十多年後，我讀了莊子對散木的說法，發現竟有驚人的相似。那時，我很喜歡找年級比我大的人聊天，特別喜歡聽那些老人說與共產黨宣傳不一樣的故事。比如我有一個遠房姑父，他是黃埔軍校畢業的國民黨軍官，被共產黨抓去勞改十幾年，回來在村子種香蕉。我就愛聽他抗日打仗的故事。我成長的地方，可說是窮鄉僻壤，但求知的欲望，在我讀了那些「黃色」的書刊後，就一發不可收拾了。後來又上了公社的農中（當時農業學大寨開辦的農村中學）——和慶中學。當年流行讀書無用，奉張鐵生為交白卷英雄。一個星期幾天的勞動課，根本就不是在讀書，而是在開辦農場勞動。當時學校種了很多甘蔗，是農業學大寨的先進學校，校方領導對勞動特別賣力。凡有力氣，勞動好的學生都能做班長、組長，當三好學生，我們這些讀書好的就被排斥了。我當時還被同學揭發看黃色愛情小說而被校方罰去挑大便淋甘蔗。那正是青春發育的少年盲動時期，人生的苦悶、困惑、失望接踵而來。二年高中畢業（中共當年號召「學制要縮短，節約鬧革命」，初中二年，高中二年），沒有畢業證書，沒有同學互相道別的歡樂，灰溜溜地回到了農村。我就像在茫茫大海中，被浪拋到一個孤島上。農村，農村，一輩子就在這個窮鄉僻壤的土地度過一生嗎？當年實行的是推薦上大學制，農村干部的子弟以及有來頭的黨員積極分子都被推薦上了大學。我深知是沒有推薦的機會輪到自己身上的。隨後而來的是一種絕望，一種孤單無助、意志徹底被壓垮的絕望。那時經常酗酒，留著長長的頭髮，裝扮成一個二流子的樣子，在鄉村每天勞動，過著無聊苦悶的生活。在村子勞動一年，後來考上了鄉村的學校做了一名民辦教師，每月工資十三元人民幣。雖說有了份工作，但那種人生的渺茫、孤獨苦悶的心情還是揮之不去。那時學著普希金、萊蒙托夫的詩體，寫了不少傷痕詩。我的「黃學」（黃色學問）有了進一步的昇華。

一九七六年，毛澤東去世，消息傳來，我與兩位要好朋友夜晚在山上煮酒慶祝。開追悼會那天，多少人痛哭流涕，我與朋友暗中發笑。今天想來，真有些不可思議，我們怎麼會覺醒得那麼早？對毛澤東所作所為，早就恨之入骨。老毛不死，我們永無出頭之日。

一九七七年，中國恢復高考制度，第一年，我考不上，第二年，也考不上。這時，我才發現，自己除有點文學知識外，數、理、化知識幾乎等於零，根本對付不了高考的難題。當年考上的，多是老三屆（文革前的中學生）。這兩次高考的失敗，不是自己沉淪，而是遭到周圍同事的嘲笑。

那些與我一樣領著低微工資的老師同事，指著我嘲笑：「看你這個黃鶴怎麼昇吧？」

帶著這個嘲笑，我通過一個朋友的關係，離開了鄉村小學，來到了縣城的師範學校補習，準備下一年的高考。因當時規定考外語專業就不用考數、理、化。我只能進文科的英語班補習。八個多月下來，我的英語，從字母開始，趕上了全班的前幾名，地理、歷史、政治三本複習題倒背如流。我當時很驚訝我的這個記憶力，在這短短的八個月時間，竟能將三本厚厚的書，以及幾千個英語單詞背下來了。很可惜，將臨高考報名時，徵求朋友意見。朋友說，考中專，百分之百上去，考大學，很難說，你的英語口語比較差，即使筆試考過關，口語面試過不過關還是個問題？這一點，就把我嚇退了。因為我不善言辭，口語確是個難關。當時為了逃離農村，考什麼都好，只要能考上，結果報考中專。而進了考場才知道，考中專還要考數學，而沒有考地理。學了八個月的地理、英語就沒有派上用場，而數學考零分，總分數剛好過錄取線，有驚無險，總算離開了農村，到廣州去讀「廣東省政法幹部學校」。

兩年的中專，除中共的法律課程，又讀到馬克思的唯物辯證法。可以說，此時期我已弄懂了馬克思主義這個哲學。中共用這個唯物辯證法，來制定其辯證的法律，徹底地征服了中國人民。也是這兩年，我了解到中共龐大的統治機器——政法機關，在它的面前，我感到自己太渺小與無力了，人生，我能做什麼呢？多年藏在心頭的虛無思想又冒出來了：這個世界是多麼使人厭倦，多麼無聊與乏味呀。面對這個龐大的專政機關，作為一個小民是無能為力的。

畢業後分配回到縣城的公安局，做所謂的「反間諜」工作。因縣城長期以來就沒有發現過國民黨特務和間諜，我一年四季幾乎無事可做。天天在大街上走來走去，成了十足的無犁頭（無業遊民）。這與當年文革高中時的失望、徬徨、絕望不同。文革時期還有一種熱血在燃燒，在憤怒。而這一時期什麼都不是，沒有理想、沒有方向，也沒有了熱血，一切都是懶庸、無力的和平。以前所愛好的文學，不思不寫。人生到此，可說是看破紅塵了。

幾年後，局裏有人升官發財。而我還是一個一般幹部。有人說，你的學歷不夠，若你有個大學畢業文憑，你起碼升上個股長或局長當當。我當時聽了這話似懂非懂，但我這個「硬頸仔」（客家話，意為「不服輸的人」）一氣之下，就出走這個落後的縣城，命運又再次輪迴，不久我就考上江南某學院上學去了。

在學院學習，第一年是學習文化基礎課，學校設有一門形式邏輯學，僅二個月的課程，我認認真真地學，把這一門課程拿下來了。這為我的哲學興趣打下了一個基礎。

到了第二年，準備學習專業知識的時候，鬼使神差，我突然逃學不去了。從此脫離了中共體系，走上了一條不歸路。

這是一個偶然的機會，在我準備回校的路上，在廣州見了香港的一位朋友（也就是建議我考中專的那位朋友，小學的同學，他在一九七九年去了香港）。他對我說：「出來與我做生意、辦出版社吧，不要在那官場裏混了，以你又直又耿的性格，能在官場裏混出名堂來嗎？」這一說，又說到我心裏去。我深知我不是當官的料。我索性連國家幹部都不要了，出來與他做生意，辦出版社。

與香港朋友下海一年多，風光得多了。我們辦出版社、出版雜誌，一副文人的氣派。各路文人來聚，我們做到得心應手，好不快意。可惜，好景不長，一九八九年發生六四天安門事件，我對在中國的人生，已不抱什麼希望，於是又一次出走，一九九〇年初來到泰國，在曼谷做了幾個月的中文報紙編輯，爾後於同年六月來到了德國。

在二十世紀九〇年代，中國曾流行著對我們這一代人悲慘命運的順口溜：「出生在饑餓年代（一九五八年大饑荒，出生就營養不良），成長在動亂年代（文化大革命，沒有書讀），工作在調整年代（資歷不夠，不能升遷），結婚在計劃年代（計劃生育，只能生一胎），下崗在改革年代（正值壯年的四十幾歲下崗）。」每一件倒霉的事，都必將降臨到我們這一代人的頭上。我們這一代，真正是被毀掉的一代。

中國有句俗語說「哀莫大於心死」，我這個客家人的「硬頸仔」（不服輸的人）終於徹底認命了。幾十年下來，你不是沒有奮斗過，不是沒有那個能力，但都一一流失，與你擦身而過：你想逃離農村，到大千世界去見識見識，命運給你了，但只給你一個中等學歷；叫你大事做不成；命運叫你進官場走走，但既不給你官當，連個屁股的股長都不是。我又想，假如我真的在國安部的學院完成了學業，學了他們那些高度機密的東西，我還能走得出來嗎？一切好像命運在安排：我，做過農民，當過教師，干過警察，出任過出版社的主任，玩過雜志社的總編輯。人生，一切安排得非常妥當，讓你品賞各種各樣的人生，體味人生的甜酸苦辣。但「寵辱若驚，貴大患若身」（《老子》十三章），它要讓你沒有大富大貴，沒有身價的禍患。「及吾無身，吾有何患？」（引同上）當年來到德國，真正是一無所有：沒有錢財，沒有驚恐，沒有希望，沒有思想，也沒有後顧之憂。冥冥之中，命運將吾引上老子的道無。

德國，這個寧靜、啟人發思的哲學大國，他給了我一個安身之地。我在巴伐利亞國王的領域，路德維斯二世國王創造神話的這個地方——新天鵝堡腳下住了下來。在這裏我開始閱讀康德、叔本華、尼采、胡塞爾以及薩特。我一邊思考一邊做筆記，每天只讀幾頁紙，讀得雖慢，但五、六年下來，收獲甚大。康德的《純粹理性批判》給我極大的啟發。我弄清了後來的德國哲學家費希特、黑格爾、叔本華、尼采及胡塞爾他們的哲學路線。可以說他們都走不出康德設下的哲學框架。康德「物自體」不可知的哲學命題，實在令人嘆為觀止。正在我用思不得要領的時候，一個偶然的機會，我讀到了《老子》。這本幾千年前傳下來的《道德經》，使我茅塞頓開，一股清流緩緩流過，心如止境，吾終於大徹大悟。老子曰：「至虛極，守靜篤，萬物並作，吾以觀其復，夫物芸芸，各復歸其根。」（《老子‧十六章》），老子的道無，不正是打開康德「物自體」不可知的緊閉大門嗎？

在我完成寫作此書的時候，我拿起太史公的《史記》來讀，當讀到關於老子的列傳時，我大驚失色：老子，姓李，名耳。周守藏室之史也。自孔子死後百二十九年，有周太史儋而出，有人說儋就是老子，有人說不是，「世莫知其然否」。然，我出生的地方——儋州市，古時一直稱「儋耳」。周太史有一個「儋」，而老子名則叫「耳」。這「儋耳」地名，與老子是巧合嗎？或有其冥冥中的因緣？在《史記》早有記載，漢武帝時，漢的最南疆土就是儋耳郡。太史公說老子「言道德之意五千餘言而去，莫知其所終。」而儋耳乃天涯海角也，「海隅出日」之地，正是隱君子之所藏身之地也。老子，這個「隱君子」，是否早就到天涯海角的儋耳隱藏起來了？今天我這個「黃鶴」終於發現了他。我要用哲學的方法，把他的道無闡發出來，老莊這個道無哲學，至矣，極矣，無所加矣！

德國哲學家尼采曾自稱他特別聰明，他說：「我的虛榮心是，用十句話說出別人用一本書說出的東西，說出別人一本書沒有說出的東西。」（《尼采文集》，中國改革出版社，一九九五年十二月版，頁五〇五）。尼采是有他的驕傲的。而中國古學者張橫渠志氣更高，他要「為天地立心，為生民立命，為往聖繼絕學，為萬世開太平。」而我要告訴世人的，就是：「我為什麼會如此無知？」無知到了絕頂的程度，以致於與老子的「無為」相通。「眾人皆有餘，而我獨若遺。我愚人之心也哉，沌沌兮！」（《老子》第二十章）。我是生而為老莊開道的。我要用西方人稱之為「哲學」的方法，把老莊道無的「玄妙之門」揭示出來。莊子說，「老子，古之博大真人哉！」有誰能解其中意？魏晉時期的向秀、王弼、郭向用儒道解老子，王弼說老子是個「有有者」，現代的馬克思主義者更不用說了，他們用唯物辯證法解老子，說老子是個樸素的唯物辯證主義者，他們何能看到老子「博大真人哉」？人人都想做有智慧的人，而不想做愚人。我告訴你一個秘密吧，孟子不是說過「聖而不可知之之謂神」嗎，如何做到「不可知之」呢？不就是無知嗎？一問三不知，這就是神呀！德國有一個哲學家叫庫薩的尼古拉（Nicolaus Cusanus，1401-1464）說過一句話，叫做「有學識的無知」。他稱此「無知」為最高的學問。這種「無知」，比唐伯虎的「由聰明轉入糊涂更難」，這非天惠之功無以成就的。天下之玄妙至此，吾無以言對矣。

新銳文叢15　PA0059

新銳文創
INDEPENDENT & UNIQUE

老莊道無哲學探釋

作　　者　黃鶴昇
責任編輯　林泰宏
圖文排版　邱瀞誼
封面設計　蔡瑋中

出版策劃　新銳文創
發 行 人　宋政坤
法律顧問　毛國樑　律師
製作發行　秀威資訊科技股份有限公司
114 台北市內湖區瑞光路76巷65號1樓
電話：+886-2-2796-3638　傳真：+886-2-2796-1377
服務信箱：service@showwe.com.tw
http://www.showwe.com.tw
郵政劃撥　19563868　戶名：秀威資訊科技股份有限公司
展售門市　國家書店【松江門市】
104 台北市中山區松江路209號1樓
電話：+886-2-2518-0207　傳真：+886-2-2518-0778
網路訂購　秀威網路書店：http://www.bodbooks.com.tw
國家網路書店：http://www.govbooks.com.tw

出版日期　2012年9月BOD一版
定　　價　340元

Printed in Taiwan

國家圖書館出版品預行編目

老莊道無哲學探釋 / 黃鶴昇著. -- 一版. -- 臺北市 : 新銳文創, 2012. 09
面； 公分. -- (新銳文叢15 ; PA0059)
BOD版
ISBN 978-986-5915-03-2(平裝)

1. 老莊哲學

121.3 101014290

讀者回函卡

感謝您購買本書，為提升服務品質，請填妥以下資料，將讀者回函卡直接寄回或傳真本公司，收到您的寶貴意見後，我們會收藏記錄及檢討，謝謝！

如您需要了解本公司最新出版書目、購書優惠或企劃活動，歡迎您上網查詢或下載相關資料：http:// www.showwe.com.tw

您購買的書名：____________________

出生日期：______年______月______日

學歷：□高中（含）以下　□大專　□研究所（含）以上

職業：□製造業　□金融業　□資訊業　□軍警　□傳播業　□自由業

□服務業　□公務員　□教職　□學生　□家管　□其它____

購書地點：□網路書店　□實體書店　□書展　□郵購　□贈閱　□其他

您從何得知本書的消息？

□網路書店　□實體書店　□網路搜尋　□電子報　□書訊　□雜誌

□傳播媒體　□親友推薦　□網站推薦　□部落格　□其他______

您對本書的評價：（請填代號　1.非常滿意　2.滿意　3.尚可　4.再改進）

封面設計____　版面編排____　內容____　文／譯筆____　價格____

讀完書後您覺得：

□很有收穫　□有收穫　□收穫不多　□沒收穫

對我們的建議：____________________

____

____

____

請貼
郵票

11466
台北市內湖區瑞光路 76 巷 65 號 1 樓
秀威資訊科技股份有限公司 收
BOD 數位出版事業部

（請沿線對折寄回，謝謝！）

姓　　名：＿＿＿＿＿＿＿＿＿＿　年齡：＿＿＿＿　性別：□女　□男

郵遞區號：□□□□□

地　　址：＿＿＿＿＿＿＿＿＿＿＿＿＿＿＿＿＿＿＿＿＿＿＿＿＿

聯絡電話：(日)＿＿＿＿＿＿＿＿＿＿＿＿(夜)＿＿＿＿＿＿＿＿＿＿＿＿

E-mail：＿＿＿＿＿＿＿＿＿＿＿＿＿＿＿＿＿＿＿＿＿＿＿＿＿